눈싸움을 그치고,
눈사람을 만드는 이야기

With snowballs,
stopped fighting
to build a snowman.

문여정

눈싸움을 그치고,
눈사람을 만드는 이야기

Side A.

Side A.

Prologue | 망울지는 밤   8
The Real Prologue | 눈덩이를 굴리는 시간   14

Single Room No.701 ··· Someone's atelier   20
생의 유효기한 ··· 〈사운드 오브 뮤직〉   32
밤의 화미레스ファミレス에 ··· 『애프터 다크』   40
Single Room No.105 #1 ··· 신림 2동, 자취의 시작   50
우리 방울 ··· 『빨강머리 앤』   58
가만히 느끼는 온기 ··· 〈아멜리에〉   68
이기적인 아이의 소원은 ··· 〈기적〉   80
Single Room No.105 #2 ··· 온전한 홀로   92
□에 기대어 ■ 버튼을 ··· 〈중경삼림〉   100
푸른 숨을 내쉬며 ··· 두 번의 제주 올레 여정   110
'숲'에서 만나기로 해요 ··· 〈연애시대〉   124

Single Room No.436 ··· 일산, 우주 속 먼지　132

제멋대로 쫓아오는 무언가 ···『홀리가든』　142

오래전 입력된 낭만 ···『청춘의 문장들』　148

하늘 높이 오르는 100%의 공처럼 ···〈수박〉　166

Single Room in BOQ ··· 2개월 전주　176

머글과 변호사의 하얀 돌 ···『해리 포터』　186

찬란한 사각지대 ··· {해바라기}　198

The Next Episode ··· 〈Sex and the City〉　208

Single Room No. JSS ···『어제 뭐 먹었어?』　218

어떤 장벽에도 불구하고 ··· 작은 영화관　234

이번 생의, 작은 균열 ··· 〈해피 아워〉　246

Epilogue l　스르르륵, 몸을 기울여　262

The Last Epilogue l　눈사람을 당신께　266

본문에 등장하는 책은 『 』, 시는 ' ', 영화와 드라마는 〈 〉, 그림은 { }로 표시해 두었습니다.

본문에 등장하는 나이는 당시의 기억을 반영하여, 기존에 사용되었던 한국 나이를 기준으로 삼고 있습니다. 다만, 저는 1월생이어서 일곱 살에 초등학생이 되었습니다(들어갈 당시에는 국민학생이었습니다).

Prologue

Prologue | 망울지는 밤 Blooming Nights

첫 책을 내고, 북토크 일정이 모두 끝난 다음에도 계속 곰곰이 생각하게 되는 질문이 있었다.

직장에서는 좋지 않은 피드백을 받게 되어도 일과 나의 분리가 어느 정도 가능하지만, 글을 쓰게 된 지금은 작가의 분신과도 같은 책하고 자신을 분리하는 것이 아무래도 어렵지 않은가요?

그토록 되고 싶었던 작가가 되고 나니 글은 생각보다 사적인 영역에 깊숙이 들어와 있었다. 로펌에서 일하던 때에도 풀리지 않는 문제는 어디서든 머릿속에 남아 있었지만 글에 대한 고민은 그보다 더 진하게 일상에 섞여 들었다. 마치 전등을 끄는 스위치가 없는 방처럼. 온종일 드리워진 낚싯대처럼. 글은 언제나 나의 신경을 차지하곤 했다.

아무래도 잘 분리되지는 않지만, 무명의 작가라 그런지 아직은 좋지 않은 피드백을 접하는 일이 거의 없어서 다행이었어요-

웃으며 답을 하고 나서도 한동안 저 질문이 마음에 걸렸다. 오래도록 글을 쓸 수 있으려면 어느 정도 거리두기를 하는 것이 맞지 않을까. 그럼에도 책은 살아있는 나의 조각 같았고 노랗고 다홍다홍한 표지는 오래 보아도 애틋했다.

흥, 예전보다 일하고 일상이 잘 분리되지 않는 것 같은데 그래도 괜찮은 걸까?
이쪽 분야의 슨배님인 동생에게(슨배님 모드일 때는 '흥'이라고 부르게 된다) 이야기를 터놓자 종이는 대수롭지 않다는 표정으로 이렇게 말했다.

음, 괜찮아.
왜?
누나는 좋아하는 것들이 있으니까.
…응?
좋아하는 걸 하는 동안에는 그냥 누나 자신인 거니까.

동생의 시원스런 답을 듣고 나니 문득 떠오르는 순간이 있었다. 14년 전 가을 무렵 싸이월드에 합격 소감을 쓰던 때가. 시험에 붙은 사람들은 가족이며 친구 이름을 하나하나 거론하며 지금까지 정말 고마웠다는 후기를 싸이다이어리에 남겼다. 비로소 그 소감을 쓰게 된 날, 내 머리 위로는 조금 긴 이름들이 떠올랐다. 고시생 기간 동안 큰 힘을 받았던 책과 영화의 제목들이. 물론 가족과 몇몇 친구들에 대한 감사도 빼놓을 수 없었지만 불합격과 이별이 겹쳐 있던 그 시기를 온전히 함께 해준 이들은 긴 이름을 가진 이야기들이었다.

다시 떨어질지도 모른다는 불안을 이고 신림동의 원룸과 독서실을 오가던 때에 나는 거의 언제나 혼자였다. 음식을 주문할 때 말고는 하루 종일 말을 하지 않는 날들이 있었고 이러다 목소리가 나오지 않을까 싶어 혼자 '아, 아' 소리를 내보는 순간이 있었다. 혼자 수험 기간을 견디는 게 아무래도 힘들 것 같아서 스터디에 들어가 본 적도, 간간이 다른 고시생 선후배나 동기들과 밥 약속을 잡는 일도 있었지만 그것은 그저 서로의 불안을 확인하는 일에 지나지 않았다.

주변 사람들의 염려와 한숨을 마주하는 동안 나는 혼자인 게 편해졌고 그런 나에게 정제된 목소리들은 세련된 위로를 건네며 가만히 곁에 머물러 주었다. 그들은 자신의 불안을 축으로 나를 흔들지 않았고 떨쳐지지 않는 말을 남기고 사라지는 일이 없었다. 독서실에서 돌아와 홀로 책장을 넘기고 영화를 보는 시간은 유일하게 그 누구에게도 상처받지 않는 시간이었고. 누군가의 사려깊은 눈망울에 살풋이 닿는 순간이었다. 그리고 그 순간에 나는, 그저 나로 있으면 되었다. 뭔가를 해내야 하는 내가 아닌 살아 숨쉬는 나의 형태로.

퇴사를 하고 2020년부터 '좋아하는 글을 쓰고 싶어서' 작가가 되었다는 말을 늘어놓았지만 돌아보니 나는 다시 혼자가 되어 있었다. 글의 평가에 일희일비하며 아무것도 보장되어 있지 않은 미래에 수고를 들이는 일. 이것은 내게 익숙한 상황이었고, 나는 30대 중반에 다시 고시생 모드로 접어들었음을 실감했다. 그것은 모두에게 우려 섞인 응원을 받고 다시금 부모님의 무거운 얼굴을 마주하는 일이었으며 무엇보다, 매일 불안의 시선을 느끼는 일이었다.

순식간에 아득함이 밀려오는 혼자의 일상에서 내가 기댈 수 있는 곳은 다시 긴 이름들이었다. 홀로 마음껏 웃고 잔뜩 구겨진 얼굴로 울 수 있는 시간들이, 그리고 그 기억들이 하루를 일으키고 잠들게 한다는 것을 이제는 익히 알고 있었다. 망울진 밤을 함께 응시하던 긴 이름들을 생각하는 동안 나는 홀로이되 혼자가 아니었고 어느덧 코로나의 그늘도 한층 옅어져 있었다. 여전히 내 상황은 고시생 같다 할 수 있지만, 거듭 다가서던 이야기들 속에 언제나 들어 있었던 '좋아하는 마음'을 바라보면서 나는 여전히 작가로 남을 수 있었다.

'하고 싶은 걸 하는 밤'이라는 공간을 만들어 놓고도 선뜻 답을 내리지 못했던 나에게, 비로소 한 문장이 선명해졌다. 좋아하는 마음이 있으면 나는 사라지지 않는다. 해야 하는 일들로 가득한 세상에서 하고 싶은 일의 세계로 넘어올 수 있었던 그 마음을 거듭 바라보면서, 수없이 주저하고 외면해 온 마음이 부풀어 오르는 동안 그 무게가 내 기댈 곳이 되었음을 잊지 않으려 한다. 좋아하는 글 곁에서 울고 웃던 눈망울의 온기를. 그 안에서 고르게 이어지던 숨의 간격을 더듬어 짚어 본다. 그 기척 속에 지금이 계속되고 있음을. 연이은 희비 속에 움트는 생이 있음을 손끝으로 가만히 헤아린다. 동그란 겹겹의 망울을.

The Real Prologue I
눈덩이를 굴리는 시간 Rolling Snowballs

변호사 일을 그만두고 외국에서의 체류도 모두 마무리 되었을 때, 막막함과 두려움이 그 어느 때보다 크게 밀려들었다. 이제는 복직을 하리라고 기대하는 두 분의 눈망울과 이따금 메일함에 들어오던 구인 공고, 드문드문 비어있는 문서 파일 틈에서 나는 어디로도 갈 수 없었다. 다시 원래의 일로 돌아갈 생각이 없으면서 글을 쓸 힘도 고갈되던, 아무 것도 할 수 없었던 시기에 결국 나는 처음으로 정신과를 찾았다. 퇴사를 한 지 2년 몇 개월이 지난 때였다.

대치동 학원가 부근에 있는 정신과에서 상담을 받는 동안 내 주변 상황은 당연하게도 그리 달라지지 않았다. 다만 그날그날의 내가 어떤 감정을 가지고 있었는지 조금씩 알게 되자 우선은 개운함이, 뒤이어 의욕이 찾아들었다. 상담 첫 날에 검사를 위해 만났던 임상심리사는 돈을 더 벌어놓고 글을 쓰라는 부모님 말씀에 무슨 문제가 있냐며 현실적으로 생각해 보라는 사견을 덧붙였지만, 다음 회차에 정신과 선생님을 통해 전달받은 결과 내용에는 흥미로운 부분이 있었다.

만성적인 우울감이 있지만 스스로의 공상으로 어찌어찌 일상을 살아온 것 같다고. 내게 오래된 우울이 있다는 생각을 해본 적이 없었기에 우선 적잖이 놀랐지만 일반적인 슬픔이나 무력감, 자괴감인줄만 알았던 감정들이 사실은 만성 우울이었다는 결론에는 금세 납득이 갔다. 나아가 만성 우울을 감싸고 있는 표면을 공상이라 일컫다니 속을 투시당한 기분이었다. 선생님은 그날 내게 항우울제 대신 정신 상담을 처방해 주셨고, 매주 우울을 이야기하는 시간이 이어졌다.

열두 번의 상담 세션이 마무리되고서도 오랫동안 내게 남은 것은 결국 처음에 들은 한 문장이었다. 선생님들의 의도는 아마도 내게 공상을 그만두라는 의미였을지 모르지만 앞으로도 공상을 눈덩이처럼 굴리다 보면 어찌어찌 우울한 일상을 함께 굴려나갈 수 있지 않을까, 다소 공상적인 방식으로 나는 분석을 받아들였다. 그분들께는 내 오랜 꿈이 한낱 공상이었을지 모르지만. 그 자의적인 해석을 마음에 품고 이력서 대신 원고를 채우면서 이전의 일에서 지금의 일로 넘어올 수 있었다. 수없이 공상하고 무수히 우울을 바라보는 작가의 일로.

책 출간에 연이어 코로나 소식이 들려왔던 지금의 일안에서는 예상보다 우울에 눌리는 순간들이 자주 찾아오고 다시 아무 것도 할 수 없는 시기가 길게 이어졌다. 그 속에서 내가 할 수 있는 일은 늘 그래왔듯, 별다를 것이 없었다. 생각만 해도 좋은 것들 사이로 숨어들고 거듭 이어지는 상념들로 시간을 채우는 일. 나에게 익숙한 그 '어찌어찌'의 과정에 다시 두 손을 올려두고, 큼지막한 눈덩이를 떠올렸다. 하고 싶지 않은 일들 속에서 온 신경을 가득 메우고 있던 눈의 결정들을. 그 아름다운 결정을 더듬어

팽창하는 우울의 둘레를 감싸고 커다란 눈사람을 만들어 보기로 한다. 눈이 구를 때마다, 이번에는 하고 싶은 일들을 위해 눈덩이를 굴리는 것이라고. 틈틈이 되뇌기로 한다. 발 밑에서, 사각사각 눈이 움직이는 소리가 들려온다.

Single Room No. 701

Single Room No.701 ··· 'Someone's atelier'
싱글룸이 내게 남긴 말

　룸키를 받아 들고 방 안으로 들어서자 후우- 저절로 큰 숨이 나온다. 내려둔 숨 너머로 모든 것이 하나인 작은 공간이 모습을 드러낸다. 아담한 침대와 나무 의자 한 개, 그리고 한 켤레의 슬리퍼. 오직 한 사람만을 위한 공간에서 안도감 위로 느슨한 시간이 흐른다. 혼자인 여행에서 오롯이 홀로일 수 있는 곳. 아무도 말을 걸지 않고 누구의 시선도 느껴지지 않는 혼자만의 방 안에서.

　오른쪽, 왼쪽으로 한 번씩 돌아누울 수 있는 침대에 누워 가만히 방을 바라보면 혼자 지내기에 더없이 완전한 공간이 눈에 들어온다. 담담한 벽지와 저 너머로 시선을 던지는 거울, 잠잠히 내려앉은 공기 속에서 나는 이번 여행의 목적지가 이 방이었음을 깨닫는다. 슬리퍼에 발을 밀어넣고, 욕조에 푹 잠긴 다음 조명을 모두 내리면 어느덧 촘촘한 적요가 얼굴을 덮는다. 말끔한 고독이 상념의 빈틈을 메우고. 이내 흰 아침이 밀려든다.

 줄곧 좋아해온 싱글룸이 있었다. 이따금 그 방을 위해 비행기 티켓을 끊고 동경으로 향했다. 공항에서 바로 닿지 않는 메구로역에서 다시 버스로 다섯 정거장을 가야 하는 곳이었지만 매번 들뜬 마음으로 黑01번 버스에 올랐다. '클라스카'는 오래된 러브 호텔을 개조한 부띠끄 호텔이었고 내부에는 인기 있는 잡화점 *Claska Gallery & Shop "DO"*과 '기억'*Kiokuh*이라는 이름의 레스토랑, 유명한 건축가와 디자이너들이 만든 제각각의 방을 품고 있었다.

 그 안에 'Someone's atelier' 라는 이름이 붙은 방이 있었다. 침대 맞은 편에 꽃송이를 말려 담은 액자가 겹겹이 놓여 있고 투명한 키 홀더 안에도 작은 꽃송이가 들어 있던 701호, 누군가의 작업실. 갈색과 베이지로 톤 다운된 방에는 기다란 나뭇가지가 옷장을 대신했고 안쪽 벽에는 재생 버튼이 없는 무인양품 CD 플레이어가 붙어 있었다. 그곳에서 나는 몇 번의 시도 끝에 흰 줄을 당겨 새로 산 CD를 틀어두고, 소설책의 마지막 장을 덮거나 무언가를 써 내려갔다. 그러는 동안 침대 옆 커다란 창에는 복슬한 구름이 지나가고 휘어지는 꼬리처럼 야마노테센 열차가 그 뒤를 쫓았다. 문득 여기 티 포트는 없는 건가. 헤어드라이기는 어디에 있는 거지? 하고 주위를 둘러보면 거울 옆, 좁고 기다란 장에 칸칸이 비품이 들어 있었다. 작은 손전등서부터 클라스카 로고가 붙은 티백까지. 새 노래가 귀에 익어갈 즈음 욕조에 몸을 담그고 나오면 적당히 도톰하고 폭신한 침구 안으로 언제나 그리운 잠이 찾아들었다.

말끔한 아침에는 1층에 있는 '기억'에서 풍성한 아침상이 차려졌다. 마멀레이드가 같이 나오는 바삭한 크로아상과 바게트, 도톰한 오믈렛과 베이컨, 훈제 연어와 뽀득한 소세지가 담겨있는 양식과 생선구이에 뜨거운 미소국과 온천 달걀, 담백한 두부와 도미회가 곁들여진 일식 사이에서 나는 언제나 잠시 망설였고 무엇을 주문하든 든든한 하루가 시작되었다. '기억'에는 나 말고도 홀로 아침을 먹는 사람들이 있었다. 그들은 바게트를 뜯거나, 후루룩 미소국을 마시다 한 번씩 정면을 바라보며 기억을 새겼다. 내가 그랬던 것처럼.

  속이 뜨뜻해지면 시부야나 지유가오카에 잠시 다녀올까 하던 생각을 뒤로 하고 언제나 방에서 체크아웃까지 남은 시간을 보냈다. 도로 잠들어 버리지 않도록 침대에 'ㄴ'자로 기대어 타인의 작업실을 찬찬히 눈에 담았다. 올해가 가기 전에 다시 올 수 있을까- 일어나는 마음의 동요를 'ㄴ'자로 누르면서. 서울에 돌아와서도 이따금 싱글룸에 가져갔던 책을 뒤적이고 CD를 들었다. 그리고 매일같이, 호텔 잡화점 "DO"에서 사온 커다란 천 가방을 옆구리에 보듬고, 701호 냉장고에 들어있던 생수병에 물을 채워 사무실 가습기에 꽂아 두었다. 여느 때처럼 뒤집힌 호텔 로고에서 분사되는 수증기를 바라보고 있는데, 클라스카에서 한 통의 이메일이 도착했다.

클라스카는 내게 오랜만에 안부를 묻고, 새로 시작하는 나홀로 여행 플랜을 소개하며 나를 기다린다고 했다. 10만 원이 조금 넘는 가격에 701호에서의 하룻밤과 조식에 더하여 '웰컴 플레이트'를 준비하고 있겠다고. 웰컴 플레이트는 '기억'의 조식처럼 두 가지 선택지로 구성되어 있었다. 다만 이틀 밤을 머문다면 와인 플레이트와 홍차 플레이트를 모두 즐길 수도 있었다. 만남을 '기다린다'는 말에 나홀로 여행자는 얼른 공휴일의 객실 상황을 알아보고 항공권 페이지를 열었다. 몇 달 후 익숙한 방 안에서 호텔 직원은 '또 방문해 주셨군요' 하고 기분 좋은 미소를 보였고. 이내 준비된 붉은 와인과 라따뚜이, 파테, 광어 카르파치오를 맛보는 동안 누구와도 나눌 수 없는 온전한 행복이 싱글룸 안으로 밀려들었다. 체리 아이스크림을 얹은 크렘빌레와 아몬드 튀일, 동그란 과일에 홍차를 곁들이는 순간에도.

어느덧 클라스카의 마지막 밤이 오면 근처 편의점에서 감자칩과 호로요이(츄하이 계열 술)를 잔뜩 사 들고 호텔 옥상을 찾았다. 가끔 결혼식이나 요가 수업이 열리곤 하는 옥상에는 아무도 없었고, 통신사 NTT 송전탑만이 가까이에 우뚝 솟아 있었다. 그리고 왼편의 차고지에 푸른 등을 한 버스 무리가 조용히 휴식을 취하고 있었다. 고요한 옥상에서 밤하늘과 푸른 등허리, 송전탑을 이리저리 오가다가 그만 툭-하고 발이 걸려 멈춰 서 보면. 이곳에 좀 더 있고 싶다는 속내가 어느새 발밑으로 흘러나와 있었다. 이대로 돌아가지 않고 계속 이곳에 머문다면. 그러면 어떻게 되는 걸까. 이어지는 생각에 무서워질 즈음 방으로 돌아오면 커다란 조각달 아래로 조그맣게 덜컹이는 소리가 지나갔다. 이번에도 오르지 못한 열차가 흔들리며 멀어져 가고 있었다.

  분명히 자리하고 있는 마음을 그저 바라보는 동안 줄곧 애정해 온 공간이 하나 둘 스러져 갔다. 그들의 소실에는 각자의 이유가 있었을 테지만 나는 그것이 꼭 나의 머뭇거림 때문인 것처럼 느껴졌다. 내가 머뭇대는 바람에 저 작은 테이블에서 마음껏 글을 써야지 생각했던 카페가 사라지고. 언젠가 느긋이 머물고 싶었던 701호도 리모델링 소식과 함께 스르륵 자취를 감추었다. 기댈 곳이 사라진 두 발은 헛헛한 속을 하염없이 걸었다. 이제 다시 만날 도리가 없다는 데에서 공간의 소멸은 사람의 죽음과 다를 것이 없었다.

    몇 년이 지나 회사를 그만두고 일본에 머물렀을 때, 나는 처음으로 누군가의 작업실이 아닌 703호에서 하루를 보냈다. 낯선 방에 누워 선실에 있는 것 같은 동그란 창문을 바라보다가 6시가 지났을 무렵 공사가 진행되고 있는 701호에 슬쩍 발을 들였다. 꽃송이가 담긴 액자를 치우고 벽지를 뜯어낸 나의 싱글룸은 조금도 그때의 모습을 하고 있지 않았지만. 아직 그곳에 있었다. 그 안에서 여전히 꼭 같은 자리에 놓여 있던 창문과 욕실 앞을 서성이다가. 낯익은 공간에 마지막 인사를 건넸다. 끝까지 '누군가'의 작업실이었던, Someone's atelier에.

    곁에 있는 소중한 사람들, 그리고 애정하는 공간은 모두 나를 기다려주지 않는다. 그것이 언제나 그려왔던 싱글룸이 시멘트빛 얼굴로 내게 남긴 마지막 메시지였다. 정말 좋아하는 것이 있다면 그리고 그를 외면할 수 없다면 머뭇거리지 말고 움직여야 한다고. 701호에서의 시간이 간절한 요즘, 나는 캄캄한 방 안 저 먼 곳에서 덜컹이는 소리에 귀를 기울인다.

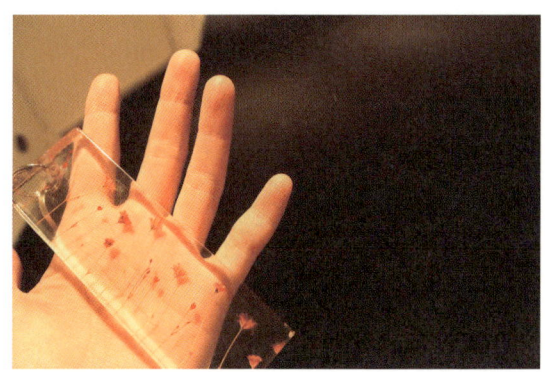

　701호가 아니더라도, 또 언제 클라스카에 갈 수 있을까- 하는 마음으로 오랜만에 클라스카 홈페이지를 찾아보다가 2020. 12. 20.을 마지막으로 호텔이 폐관한다는 소식을 접하게 되었다. 그리운 공간들의 안위를 생각하는 요즘이었는데. 마지막 인사조차 허용되지 않는 작별에 2021년 2월까지 열려있는 예약 버튼을 괜히 눌러보지만 '찾으신 조건으로는 이용할 수 있는 방이 없습니다'라는 붉은 문구만이, 텅 빈 마침표 같은 내 얼굴을 바라보고 있었다.

someone's atelier

coffee or tea
+ orange Juice

생의 유효기한
… 〈사운드 오브 뮤직〉

거실에 둘러앉아 외할머니가 들뜬 표정으로 이제부터 무척 재미있는 영화가 시작될 거라고 이야기하던 순간을 기억한다. 정확히 몇 살쯤이었는지는 기억나지 않지만 할머니가 계실 때이므로 내 나이가 아직 두 자리 수가 되기 전이었겠구나– 짐작하게 된다. 할머니는 내가 열 살이 되던 해, 1월에 돌아가셨으므로.

집 대출금을 갚아나가던 정현김과 신장군(장군은 직업이 아닌 성격에서 기인한 호칭이다)의 분주함 속에서 할머니는 동생과 나의 엄마가 되어 주었다. 오늘의 착장OOTD

을 챙겨 주고, 참빗으로 싹싹 머리를 묶어 주고, 삼시 세 끼 밥그릇을 비우면 아이고 잘도 먹네- 하면서 칭찬해 주던 모든 순간에 은자씨가 있었다. 은자씨는 목욕탕에서 언제나 사우나에 휙 들어가 버리는 정현김을 대신해 나와 내가 데려온 쥬쥬며 바비 인형을 챙겼고, 잠자리에서 이야기를 해달라고 조르면 호랑이나 도깨비가 나오는 이야기를 시작했다. 내가 학교에 들어가자 은자씨는 녹색 할머니가 되었고 매년 내 생일잔치를 열어 주었으며 벼루에 먹을 갈아 서예 수업에서 쓸 먹물을 만들어 주었다. 그리고 그런 은자씨 옆에서 늘 말씨름을 하며 종종 키득거리고, 와아- 감탄하다가 이따금 한 소리를 듣는 것이 9년 동안 나의 일과가 되었다.

손주들을 보면서도 집안일을 척척 해내던 은자씨는 말 그대로 모든 일에 기세가 좋은 편이어서 호박죽이며 꽃게찌개, 닭볶음탕 같은 메뉴를 뚝딱 만들어 내고, 롯데리아 놀이를 해달라는 손녀의 말에 딸기를 윙윙 갈고 감자를 튀겨 딸기셰이크와 후렌치후라이를 내어주는 사람이었다(아직 햄버거를 먹지 못하는 나이였다). 그런 은자씨의 솜씨에 한껏 신이 나면 은자씨는 또 그 흥을 마음껏 받아 주어 손녀의 궁둥이 춤을 이끌어 내곤 했다. 대단치 않은 걸 해내도 신통방통이네- 하면서 크게 칭찬해 주고, 대수로운 일도 가뿐하게 만들어 주던 사람. 덕분에 눈다래끼 수술을 한 날은 갖고 싶던 요술 연필을 받은 날로, 흔들리는 앞니를 뽑은 날은 명랑 소설을 처음 만난 날로 남게 되었다.

그런 은자씨가 이제부터 '무척 재미있는 영화'가 시작된다고 하니 어린이는 흥미진진한 얼굴로 냉큼 TV 앞에 자리를 잡았다. 장장 172분의 시간 동안 영화는 초반에 등장하는 수녀님들의 노래 'Maria'로 혼을 쏙 빼놓더니 폰 트랩가家의 일곱 아이들이 마리아에게서 노래를 배우기 시작하면서 굉장한 도레미-fㅏ솔라-tㅣ의 향연을 펼쳐놓았다. 정신없이 이야기에 빠져들다가 갑자기 궁금증이 일어서 어린이는 무심코 질문을 던졌다. 할머니 근데 이 영화는 언제 영화야? 아마 20년도 더 전일 걸- 하는 은자씨의 답에 그토록 인자해 보이던 원장 수녀님이 갑자기 낯설게 느껴졌다. 그러면… 이제 저 수녀님은 세상에 없어? 응, 아마 그렇겠지? TV 속에서 노래를 부르고 환하게 웃는 원장 수녀님이 더 이상 이 세상 사람이 아니라는 사실이 이상한 모습으로 다가왔다. 그럼 저기에 나온 저 할아버지도, 저 할머니도… 집에서 사준 위인전집을 볼 때마다 이름 옆에 붙어 있는 숫자가 신경 쓰이던 시기였다. 괄호 안 오른편에 빈틈없이 들어찬 네 자리 숫자들이. 아무리 위대하고 유명한 사람도 모두 생의 기한이 있다는 사실이 영 이상했다.

언제나 척척 매일을 살아내던 은자씨도 언제부턴가 정기적으로 병원에 가고 약을 먹었지만 그런 와중에도 예쁜 약통을 자랑하는 환한 모습에 나는 은자씨가 아픈 사람이라는 생각을 하지 못했다. 삼풍 백화점에서 기분 좋게 외식을 하고 돌아온 날 은자씨는 갑자기 쓰러졌고 앰뷸런스에 실려간 후 다시는 돌아오지 못하셨다. 그렇게 순식간에 사람이 사라질 수 있다는 사실이, 그리고 두 번 다시 만날 수 없다는 사실이 커다란 빈 칸으로 남았다. 은자씨가 늘 지니고 다니던 약통도 작은 열쇠가 달린 하트 목걸이도 다 남아 있는데 은자씨만 덩그러니 없었다.

이웃 사람들이 '할머니, 어디 가셨어요?'라는 말을 하지 않게 되었을 즈음 새 학기가 시작되었고 나는 어쩐지 잘 웃지 못하는 아이가 되어 있었다. 한 번 웃음이 터지면 잘 그치지 못해서 '실실이'라는 별명마저 붙어 있었는데. 마냥 웃다 보면 은자씨 생각이 났고 그러면 어느새 웃음기가 가셨다. 나는 여전히 밥을 두 그릇 비울 수도 있었고 궁둥이 춤을 출 수 있었지만 더 이상 크게 칭찬하는 목소리가 없었다. 정현김은 계속 기운이 없었고, 할배는 잘 드시지도 못하는 술을 마시다 우리에게 타박을 받는 날들이 이어졌다. 동생은 맥도날드나 피자헛 같은 데서 생일 파티를 열었고, 문방구에서 파는 먹물은 공들인 시간 없이도 새카만 색을 하고 있었다. 안경을 벗어야 하는 목욕탕에서 나는 정현김을 놓칠세라 힘주어 눈을 오므렸고, 어느덧 양상추와 토마토, 피클이 겹겹이 포개어진 햄버거도 먹을 수 있는 어린이가 되었다. 그렇게 1년, 5년이 지나고 거짓말처럼 은자씨의 얼굴이 점점 희미해졌다.

그 후로도 은자씨를 아는 사람들은 내가 무언가를 잘할 때마다 할머니가 계셨으면 아주 난리가 났을 텐데- 라는 말을 덧붙이곤 했다. 내가 대학에 들어갔을 때에도. 그런 은자씨가 계속 시험에 떨어지는 나를 보면 뭐라고 하셨으려나. 신림동에 있으면 이따금 그런 생각이 들었다.

그까짓 꺼 아무것도 아니라며 맛있는 음식을 잔뜩 해다 주셨을 수도, 아니면 요술 연필 같은 걸 사주겠노라고 장담하셨을 수도 있겠지만. 나는 자주 무거워졌고 더 이상 신통방통하지 못했다. 그저 그런 단조로운 일상이 계속 이어지다가, 어느날 뒤늦게 <사운드 오브 뮤직> 40주년 특별 한정판 DVD가 출시되었다는 소식을 들었다. 그 안에는 영화 속 일곱 아이들의 현재 모습이 담겨 있었고, 당시에 다섯 살이었던 막내 그레틀을 포함하여 중년이 된 얼굴들 속에는 친숙한 아이의 미소가 그대로 남아 있었다.

   신림동 원룸에서 옛 친구를 만난 듯 반가운 얼굴들을 조우하는 동안 당연스레 은자씨 생각이 났다. 은자씨도 이 영상을 같이 보았더라면 나처럼 흥분했을 텐데. 어머 세상에! 하면서 우리는 들뜬 목소리로 호들갑을 나눌 수 있었을 텐데. 아쉽게 영상을 종료하고 자리에 눕는데 문득 은자씨도 내내 중년이었다는 깨달음이 찾아왔다. 예순이 되기 전에 돌아가신 은자씨는 내 옆에서 언제나 50대였다는 사실이. 은자씨도 그저 오늘 만난 중년의 루이자나 브리기타였을 뿐이라는 사실이 영 낯설게 다가왔다.

그리고 나는 정작 원장 수녀님이나 오늘 본 마리아 같은, 은자씨의 '할머니' 모습을 볼 수 없었다는 사실이 쓸쓸히 마음을 쳤다. 우리가 함께 나이들지 못하고 나만 은자씨의 나이로 다가가고 있다는 사실이. 몹시도.

잠시 신통방통했다가 다시 대수롭지 않은 시간들이 반복되는 동안, 리즐과 루이자에게도 괄호 안 오른편의 숫자가 새겨졌고, 뉴스를 보다 갑자기 폰 트랩 대령님의 부고 소식을 마주하는 날도 있었다. 어린 나에게 색칠 공부와 군밤 봉지를 안겨 주셨던 할머니 할아버지들은 더 이상 계시지 않고, 식료품에 찍혀 있는 기한을 볼 때면 사람의 기한은 어디에 별도 표기되어 있을지 생각하게 되지만. 평범한 날들 속에서 무언가에 잔뜩 흥이 오르고 궁둥이 춤이 절로 나올 때마다 늘 은자씨의 순간에 함께 있음을 생각한다. 마리아가 보고 싶을 때 그녀에게서 배운 노래를 불러보는 아이들처럼. 그러다 언젠가 그리운 얼굴들을 다시 만날 수 있게 된다면 우리의 시한부 인생이 꼭 슬픈 카운트 다운인 것만은 아니겠다고. 노랫말처럼 되뇌어 본다.

계이름에 가사를 붙이면 노래가 되는 것처럼, 순간에 의미를 더할 때 우리는 생을 흥얼거릴 수도 있을 터이므로.

strawberry shake

브리기타	But it doesn't mean anything. 그렇지만 (계이름만으로는) 아무 의미가 없잖아요.
마리아	So we put in words, one word for every note. 각 음에다 말을 넣으면 되는거야.

When you know the notes to sing
노래할 음표만 알고 있다면

You can sing most anything
어떤 노래라도 부를 수 있지요

로버트 와이즈, 〈The Sound of Music〉, 1969

밤의 화미레스ファミレス에
…『애프터 다크』

    패밀리 레스토랑에서 외식을 하면 꽤 괜찮은 패밀리가 되는 것 같은 때가 있었다. TGI *Fridays*에서 테이블 매트에 빼곡히 들어차있는 메뉴들을 보면서 우와- 이렇게 많은 메뉴가 있다니! 함박웃음을 짓던 은자씨와 미니카에 담겨진 COCO'S의 키즈 메뉴에 환호하는 우리가 있던 때에. 그러다 *Sizzler* 샐러드바에서 더운 음식(포테이토 스킨과 치킨 윙)에 주력하고 언제나 대기줄이 길었던 강남역 BENNIGAN'S에서 몬테크리스토를 포장해 오던 우리의 기세에도 불구하고, 필라프와 도리아, 포테이토 스킨과 무한 리필의 세상은 하나 둘 사라져가기 시작했다. 패밀리

레스토랑에서 밥을 먹는 것만으로는 괜찮은 패밀리가 될 수 없다는 사실을 모두가 알아 버린 탓이었을까.

시선을 조금 돌려 익숙한 간판이 그대로 남아 있는 일본으로 향하면 그곳의 화미레스(화미리-레스토랑의 줄임말)는 우리와는 조금 다른 정서에 기대고 있는 듯했다. 드라마 속 인물들은 어떤 이를 조심스레 만나는 때에, 저렴하게 허기를 채우는 때에, 그리고 밤새 안전히 시간을 보내는 때에 커다란 창문이 있는 화미레스에 자리를 잡았다. 밝은 조명 아래 아무 음료 한 잔이나 어떤 접시 하나를 시켜놓고 그러고도 널찍한 테이블 위에 책을 펴놓고 환한 도시의 밤을 보낼 수 있다면, 서울의 밤은 지금하고 사뭇 달라졌을까. 취기가 배어있지 않은 공간에서 따뜻한 음식을 먹으며 밤을 지새고 싶을 때 나는 항상 적당한 장소를 떠올리지 못하고 도로 주저앉곤 했다. 주민등록증이 나오지 않은 때에도 운전면허증이 생긴 후에도.

하루키상의 소설 『애프터 다크』는 그런 환한 자정께의 화미레스에서 시작된다. *Denny's*의 테이블에 커피와 책을 올려둔 열아홉의 마리에게, 트롬본을 메고 들어온 다카하시가 "있지, 아니면 미안한데, 혹시 아사이 에리 동생 아냐?" 말을 건네는 장면으로. '멋은 없지만 필요 충분한 조명, 무표정한 인테리어와 식기, 나지막하게 틀어놓은 무해한 백그라운드 뮤직'으로 하루키상은 이 둘이 처음 마주하는 공간을 묘사한다. 적절한 템포로 상대의 이야기에 귀를 기울이는 다카하시에게 마리는 자신과 다른 언니에 대해 띄엄띄엄 이야기하고 다카하시는 형제라도, 사람은 모두 다르다는 말을 건넨다. 무해한 대화가 조금씩 쌓여가다, 다카하시는 트롬본 연습을 위해 몇 시간 후를 기약하고. 새벽 세 시가 넘어 SKYLARK에서 다시 만난 그들은 한층 깊은 이야기를 이어나간다.

문득 다카하시는 이런 이야기를 건넨다. 엄청 예쁜 언니를 둔 상대적으로 평범한 마리에게. "그 애는(에리) 너에게 전부터 콤플렉스 같은 걸 느끼지 않았을까. 아마도 아주 오래전부터." 어렸을 때부터 주어진 역할을 소화하고 주위를 만족시키는 게 그 애의 일이나 다름없었을 테니. 그리고 '그 일'에 대해 '인생의 가장 중요한 시기에 자신이라는 존재를 잘 성립시키지 못한 것'이라 표현하는 그의 말이 가슴 한구석에 아프게 닿았다. 나는 그 대화에서 자리에 없는 에리의 입장에 가까이 서 있었다. 빼어난 미인의 역할은 우리 집에서 내가 아닌 동생이 담당하고 있었지만.

내가 다섯살 때 태어난 남동생 종이는 우리 집에서 가장 얼굴이 하얗고 쌍꺼풀이 진했으며 커다란 눈을 가지고 있었다. 친구들이 너는 피부가 참 하얗다거나 어쩜 이렇게 눈이 크냐고 할 때마다 나는 대답했었다. 내 동생은 나보다 더 하얗고 눈이 크다고. 엄마랑 셋이 밖에 나가면 사람들은 종이를 보고 어머 너무 예쁘게 생겼다! 탄성을 질렀고 그런 상황은 점점 무던한 일상이 되었지만, 어릴 때의 나는 이렇게도 이야기했었다고 한다. 나도 예쁜데… 시간이 흘러 내가 공부 잘하는 아이의 역할을 담당하고 있을 때 종이는 같은 역할을 부여받았지만 그것은 종이의 옷이 아니었다. 종이가 질책을 받을 때마다 날카로운 목소리는 방향을 틀어, 너 혼자만 잘나지 말고 동생을 책임져야지! 외쳤고, 읊조리는 목소리는 차라리 둘이 바뀌었으면 좋았을 텐데- 이야기했다. 발이 걸려 넘어지는 건 언제나 그 읊조림에서였다. 어떤 무대에서는, 주어진 역할을 소화하는 것과 주위를 만족시키는 일이 나란히 인과관계로 엮이지 않고 서로 동떨어진 일이 될 수 있었다. 한 편의 극 안에서 일정한 장면이 계속되면 보통 익숙한 설정으로 받아들여지듯이. 목소리들은 곧, 악의 없이 반복되는 덤덤한 일상이 되었다.

　극은 종이가 진로를 정해야 하는 시점에 이르러 뜻밖의 양상으로 전개되었다. 동생이라도 좋아하는 길을 가야 한다고 그간 목소리를 보태고 있었지만. 사정이 정 그렇다면 하고 싶은 걸 시키는 수밖에 없겠네- 이전과 사뭇 다른 목소리에 '아이 1'은 조금씩 이상한 기분이 들었다. 주어진 역할을 잘 받아들이면 모두가 평화로워질 거라 믿었던 아이의 생각은 사라진 패밀리 레스토랑 광고보다도 더 허망했다. 역할을 소화해 낼수록 자유는 사라지고, 계속 그 배역으로만 남는 것이었다니. 아이 1은 지금까지의 무대가 전부 허황된 장치처럼 느껴졌다. 깨달음은 뒤늦고 무대는 어느덧 2막으로 접어들어 있었다. 종이는 종이대로 분투하는 시간을 보내고 있었지만 '자신이 선택한 길' 위에 서 있는 동생의 모습에 이번 만큼은 도무지 무던해질 수 없었다. 하필 2막의 무대는 사법 시험에 떨어지면 평생 패배자처럼 살 것이라는 목소리가 깔리며 본격적인 고시생 모드가 시작되는 순간이었다.

  1막에서 아이 1이, 저는 책을 읽고 글 쓰는 게 좋아요- 이야기했을 때 그럼 너는 법대에 가면 되겠네- 하고 불쑥 좁은 길이 등장했다. 법률가라는 직업이 무엇인지도 모르는 때였다. 시간이 흘러, 사람들의 인상 쓴 얼굴이 힘들어서 실없는 소리를 하고 웃음에 안도하던 고등학생 아이 1은 다시 이야기했다. 저는 심각한 이야기를 해야 하는 분위기가 싫은데요? 이야기 끝에 누군가는 기분이 나빠지고야 마는 상황이 영 불편한데요...? 다시 정해진 대답이 돌아왔다. 그렇게 말대답을 하는 걸 보니 역시 법조인의 길이 맞겠다고. 갸웃- 기우는 고개로도 작가의 길은 차마 꺼내 놓을 수 없어서 그 즈음 알게 된 문화 인류학과에 가겠다고 포부를 밝혔을 때. 집에서는 다시 큰 소리가 일었다. 그런 알 수 없는 데를 대체 뭐하러 가냐고. 그럴거면 아무런 비용도 지원해줄 수 없다고. 아이 1은 그날 대화에 대한 모든 기대를 접었다. 그 무렵 독서실 칸막이에 다른 수험생들처럼, '문화 인류학과 ○○학번'이라고 꾹꾹 적어두었던 글씨가 깨끗이 사라져 있었다. 다른 칸막이에는 여전히 적혀 있는 꿈들을 보면서 아이 1은 생각했던 것 같다. 나는 어느새 힘주어 꿈을 쓸 수 없는 사람이 되었다고.

꿈 대신 주어진 서사를 따라가는 동안에도 비스듬히 기운 고개의 경사가 줄어든 적은 없었다. 해를 등지고 수그린 해바라기는 뒷머리에 내려앉는 온기에 자꾸만 마음이 쓰였다. 태양을 향해 뿌리를 내리며 일조량의 크고 적음을 논하는 종이가, 그가 조명을 받고 서 있는 무대가 너무도 근사해 보였다. 정면으로 볕을 바라보는 기분은 어떤 것일까. 한없이 들끓는 열기를 느끼며 팔다리를 뻗는 기분은 무엇일까. 궁금함이 일면 차가운 발끝을 내려다보며 '뿌리를 내린다'는 말을 생각했다. 어둑해진 거리에서 안온한 화미레스 창문을 들여다보는 사람처럼. 어느덧 누군가는 뽐내고 누군가는 작아지는 대화가 매일의 일상이 되어 버린 아이 1은, 태양을 향한 마음을 털어놓기로 했다.

있잖아. 조금 웃길 수도 있지만. (크게 숨을 내쉬고) 나는 사실 글을 쓰고 싶어.
변호사 역의 아이 1은 동생에게 말했다. 종이는 피식

웃지도, 미간을 찌푸리지도 않고서 눈을 반짝이며 답했다.

누나는 예전에도 나한테 이 이야기를 한 적이 있어.

희미해졌지만 1막의 언젠가에 아이 1은 꿈을 내보인 일이 있던 것이었다. 오늘과 같은, 단 한 명의 인물에게.

그치만, 내가 새로운 길을 잘 견딜 수 있을까?

주저하는 나에게 종이는 말했다.

누나는 원하지 않았던 길에서도 여기까지 온 거니까. 좋아하는 일은 분명 더 잘할 수 있을 거야.

'누나, 이쪽으로 넘어와.'

동생의 마지막 말에 문득 주위가 환해졌다. 필요 충분한 조명이 내리쬐는 화미레스 안에서 우리는 하얗고 넓은 테이블을 사이에 두고 앉아 있었다. 나직이 '*Five Spot After Dark*'의 트롬본 소리가 들려오고 저만치서 종업원이 우리 테이블을 향해 다가오고 있었다. 음료가 포함된 따뜻한 음식을 주문한 우리는 이윽고 그 누구도 작아지지 않는, 한층 깊은 이야기를 시작했다.

무라카미 하루키, 『애프터 다크』, 권영주 옮김, 비채, 2015

희망하는 전공에 대해 큰 소리가 났던 고 2 때로부터 10년 정도 지났을 즈음에, 거실 TV에서 요즘 각광받는 '문화 인류학'에 대한 이야기가 갑자기 흘러나왔다. 인류에 대한 폭넓은 이해는 모든 분야의 근간이 되므로 요즘은 어디에서나 문화 인류학 전공자를 우대한다는 내용의 보도였다. 목소리는 옆에 있는 나에게 아무렇지 않게 말했다. 너도 저런 거 공부하지 그랬냐? 순식간에 모세 혈관을 타고 화가 치미는 나와 달리 목소리는 평온했다. 진로에 대한 다툼은 결국 어찌되었든 '남의 길'이었던 것이다.

Single Room No.105

Single Room No.105.
#1. 신림 2동, 자취의 시작

 사시 1차 시험에 처음 떨어지고, 주말에 늦잠을 자고 있으면 들려오는 목소리가 있었다. '저러니까 떨어지지'. 집에서 신림동까지는 1시간이 채 걸리지 않았고 어차피 학원을 마치고 밤에 돌아오면 목소리의 실체와 마주치지 않을 수 있었지만. 공간이 조여오는 익숙한 압박감에 결국 집을 나가기로 했다. 몇 차례의 실랑이 끝에 방과 부엌, 화장실이 일직선으로 놓여있는 선실 같은 모양새의 원룸을 구했다. 방이 1층이라는 게 조금 마음에 걸렸지만 할배가 내내 살았던 집도 1층이었으므로 우리는 같은 1층 사람들이 되었다고 생각하기로 했다(이후에 누군가 한 번,

밖에서 문 손잡이를 돌리고 간 일이 있었다).

신림 2동 105호에서의 첫날 밤에, 덤덤히 엄마와 통화를 마치고 눈을 감았지만 간헐적으로 우우웅- 울리는 냉장고 소리에 결국 잠을 이루지 못했다. 자취도 나홀로 여행도 아직 해본 적이 없는 스물 두 살의 밤이었다. 다음날 엄마는 마트에서 '부엉이'라는 이름의 전등을 구해다 주셨고, 부엉이는 밝은 때에는 잠잠하다가도 어두워지면 환하게 주위를 밝히는 아이였다. 형광등을 끄면 냉장고보다 먼저 부엉이가 존재감을 드러냈고, 밤 늦게 독서실에서 돌아와 현관문을 열면 언제나 부엉이가 하얀 얼굴로 나를 맞이해 주었다. 그런 부엉이의 밝은 구석에 기대어 나는 무섭지 않게 열쇠를 돌리고 스르륵 잠을 청할 수 있게 되었다.

매일 고시 학원에 가고 이따금 치르는 모의시험에 대비하려면 절대적인 시간이 필요했는데. 독서실 책상처럼 삼면이 꽉 막혀있는 현실이 싫었던 나는 조금씩 늦게 자고 늦게 일어나는 일탈을 시작했다. 매일의 진도는 점점 밀려가고 피로와 불안이 쌓여갔지만 독서실에서 돌아온 밤이면 조용히 그날의 영화를 골랐다. 영화 속 그녀들은 모두 외롭고 그리고 혼자였다. 나처럼. 미래는 불투명하고 현재는 아름답지 않았다. 과거의 아픔은 현재 완료 진행으로*have been -ing* 계속되고 있고. 그녀들을 생각하다 새벽 3시 넘어 잠이 들면 점심 먹을 즈음해서 눈이 떠졌다.

냉장고에는 엄마가 가져다 준 일일이 가시를 바른 조기와 바지락 살이 가득한 순두부, 새우 카레와 밥이 3일 분량씩 들어 있었고 멍한 얼굴로 전자렌지에 음식을 돌리면 쓸쓸한 1분이 지나갔다. 적당히 따땃해진 집밥을 넘길 때마다 그래도 가시가 있을지 모르니 조심하라는 엄마의 말이 슬프게 목에 걸렸다. 나중에, 엄마는 혼자 신림동에 와서 나에게 음식과 빨래를 전해주고 돌아갈 때마다 차안에서 한참을 울었다는 이야기를 전했지만 나는 그런줄 모르고 죄책감과 원망이 섞인 마음으로 엄마를 배웅하고는 했다. 합격을 해야 하는 상황에 대한 원망과 기대에 부응하지 못하는 죄책감으로 마르게 손을 흔들었다.

나의 작은 일탈은 복선처럼 (두 번째) 불합격이라는 결말로 이어졌고 그 해 가을, 2차 시험 합격자 명단에는 하나 둘 동기들의 이름이 올라오기 시작했다. 당시의 남자친구 이름도. 두꺼운 책을 펼칠 때마다 이 시험에 붙더라도 나는 행복하지 않을 텐데- 드는 생각을 떨치지 못하던 것과 별개로 그 익숙한 이름을 명단에서 보았을 때 쿵-하고 떨어지던 마음을 기억한다. 소용돌이에서 벗어난 이들에 대한 한없는 부러움을. 판사, 검사, 변호사 그 어느 것도 되고 싶지 않았지만 다른 길은 더 막막하기만 했다. 그즈음 나를 통해 남자친구를 알게 되었던 후배들은 그에게 먼저 반가이 인사를 건넸고 옆에 있는 나에게는 애매하게 웃으며 목례를 하기 시작했다. 처음에는 기분 탓인가 했지만 생각해 보면 본래 그런 분위기가 강한 곳이었다. 붙은 자를 한없이 추켜세우고 떨어진 자를 낙오자로 만드는 곳. 그러고 보면 언제부터인가 과에는 소리 소문 없이 사라진 사람들이 있었다. 아무하고도 연락이 닿지 않게 된 사람들. 합격률은 늘 50%에 미치지 못했지만 교수들은 붙는 것이 정상이라는 이야기를 아무렇지 않게 늘어놓곤 했다. 고시반이나 시험일 지원 같은 건 일절 없었으면서.

붙고 떨어짐으로 사람을 가르는 분위기에 더해 로스쿨의 등장과 사법 시험 폐지 소식은 연일 신림동을 뒤흔들었고. 객관식 5지 선다형에서 8지 선다형으로 바뀐 1차 시험 방식은(보기 중에서 세 개를 지워도 다섯 개의 답이 남았다) 기본 3법 헌법 민법 형법을 거의 암기해야 하는 상황을 만들었다. 그리고 무엇보다 지금까지 같은 독서실에서 공부를 하고 점심, 저녁을 함께 먹던 남자친구와 차츰 거리가 벌어지기 시작했다. 예상할 수 없는 틈새는 아니었지만 야속함과 자격지심이 켜켜이 그 틈을 메웠다. 어떻게든 시험에 다시 떨어지는 일은 막아야겠다며 법전을 애써 사랑스럽게 바라보고(법전에 매일 여러 번 윙크를 했다 실제로) 자는 동안에도 법전 테이프를 틀어놓은 끝에 (효과가 있었는지는 알 수 없다) 비로소 1차 시험의 문턱을 넘어설 수 있었다.

하지만 시험을 치르고 나왔을 때, 엄마는 무거운 얼굴로 사실 외할아버지의 건강이 많이 좋지 않다고… 지금 네가 괜찮으면 바로 할아버지를 만나러 갈 건데 할배를 보고 너무 놀라지는 않았으면 좋겠다는 말을 꺼냈다. 아무것도 드시지 못하고 계시지만 네 시험이 끝날 때까지 정신력으로 버티고 계신 것 같다고. 두세 달만에 만난 할배는 심하게 마른 모습이었고 엄마의 말대로 더 이상 내가 아는 할배가 아니었다. 그렇게 기력이 소진한 할배 앞에서 나는 무너지듯 울었고. 할배는 니가 어릴 때 내가 한번 팔베개를 안 해줬더니 그때부터 니가 할배를 미워하기 시작했다며 지금 팔베개를 해주겠다고, 지금은 기억에도 없는 이야기로 나를 달랬다. 앙상한 팔 위에 적당히 힘을 빼고 잠시 누워 있으려니 할배는 힘없이 웃으며 이제 무겁다고 일어나라고 해서 다시 나를 웃게 했지만 그런 모습까지도 무척 우리 할배다웠다. 이 다음에 내가 니 누고? 하믄서 손녀도 몬 알아보고 그라모 참 슬프겠다 그쟈? 걱정하듯 말하곤 하던 할배는 끝까지 나의 안부를 걱정하고 특유의 위트를 건넸지만. 그것은 그것대로 참으로 슬픈 일이었다.

내가 할배를 찾아갔을 때부터 할배는 조금씩 기력을 차리고 먹고 싶은 음식을 하나 둘 이야기하기 시작했지만 나는 바보같이 그것만으로 당분간 할배가 괜찮으리라고 안도했다. 매일같이 할배를 만나러 가다가 오늘은 하루 쉬라는 엄마의 말에 하루를 쉬고. 다음날 이미 멀어져 가고 있던 남자친구와 굳이 점심을 먹다가 혼자 할배가 있는 곳까지 갈 엄두를 내지 못해서 다시 하루를 쉬고, 내일은 꼭 다시 할배한테 가야지 했던 날. 그날 밤에 방에서 할배의 마지막 소식을 들었다. 그날 할배에게 가지 않았던 것을, 할배의 시간을 소중히 여기지 않은 것을 얼마나 후회하고 책망했는지 모른다. 할배는 스러져가는 몸으로 나를 기다려 주었는데 나는. 고작 이 정도의 인간이라는 사실을 한없이 증오했다. 장례가 끝난 후 남자친구는 조금 달라진 얼굴로 이별을 이야기했고. 1차 시험 합격 발표가 났을 때 내게는 소식을 전할 소중한 사람이 없었다.

  모두가 조금 들뜬 얼굴로 2차 시험 준비를 시작하던 그해 3월은 한겨울처럼 시리고 어두워서. 법대 여학생 커뮤니티에 들어가 처음으로 글을 남겼다. 몇 시간이 지나, 막막한 심정에 응답을 해준 이가 있었다. 그럴 때일수록 정신 똑바로 차리고 꼭 잘 돼야 한다고. 꼭 합격해서 여기서 나가기를 진심으로 응원한다는 목소리를 붙들고 주섬주섬 정신을 챙겼다. 소식을 전하지 않더라도 할배는 이미 모든 걸 다 알고 계실 테니. 그때부터 마음 속에서, 이따금 혼잣말처럼 할배에게 말을 건넨다. 할배! 하고. 할배는 더 이상 와- 하고 대답해주지 않지만. 할배는 어딘가에 있고 잠시 나를 만날 수 없을 뿐이라고. 15년이 지난 지금까지도 그렇게 생각을 한다.

할배의 말투를 잊고 싶지 않아서 거의 매일, 적어도 세 마디 정도는 할배의 말을 따라한다. 할배가 말의 서두에 붙이곤 했던 이봐라- 이봐라- 라든지, 맛있는 음식을 앞에 두고 아하- 아하- 내던 소리라든지. 그래서인지 고향을 묻는 질문에 서울이라 답하면, 다시 되묻는 표정을 접하는 일이 많았다. 하루는 택시를 타고 어디로 가주세요- 얘기하는데 기사님이 휙 돌아보고는 슬쩍 뜸을 들이면서 물었다. (다 안다는 표정으로 웃으며) 대구죠? 이어지는 나의 부정을 기사님은 그다지 신뢰하지 않는 듯 보였다. 나는 서울 억양을 익힌 경상도 사람이 아니라 경상도 말씨를 잊지 않는 서울 사람일 뿐인데. 나의 애매한 경남 억양은 어느 지점에선가 기사님께 제3의 확신을 드리고 말았다.

우리 방울
…『빨강머리 앤』

초등학교 2학년 말을 장식했던 만화 영화 <빨강머리 앤>이 우리에게 '더 이상 앤이 없는 인생을 상상할 수 없게'(마릴라와 매튜가 했던 말) 만든 순간은 언제였을까. '예쁘지는 않지만 사랑스러워'하고 주제가가 나오는 때였을까 아니면 그녀가 자기는 그냥 앤이 아니라 끝에 'E'자가 붙은 앤이라며 또박또박 이야기하는 순간이었을까. 주위 어른들에게서 말대답 좀 하지 말라는 이야기를 매일같이 들었던 여덟 살 짜리 여자아이는 앤이 동일한 말에 굴하지 않고 하고 싶은 이야기를 늘어놓을 때, 그리고 가장 아끼는 친구 다이애나에게 실수로 딸기 주스 라즈베리 코디

얼 대신 와인을 먹이고 우아앙- 울음을 터뜨릴 때 그녀와 마음의 친구가 될 수 있겠다고 직감했다.

무엇보다 다소 엉뚱한 첫인상으로 비춰지는 앤의 상상력이 그녀가 마릴라와 매튜를 만나기 전, 홀로 힘든 시기를 견뎌낸 유일한 동력이었다는 사실을 알게 되었을 때, 앤에 대한 여자아이의 마음은 반짝이는 호감에서 깊은 동질감으로 바뀌었다. 친근한 사물에 이름을 붙이고 주변을 낭만적인 풍경으로 덧칠하며, 사실 나는 부모를 잃고 이웃집에서 아이를 돌보는 불쌍한 아이가 아니라 다른 나라의 공주일지 모른다고 그려보는 그녀의 상상력이 얼마나 건강하고 희망적인 것인지. 인형마다 이름을 붙이고 책 속의 풍경을 상상하며 사실 나에게는 무섭지 않은, 다정하고 포근한 진짜 아빠가 있을 거라고 생각하던 여자아이는 일상에 숨을 주는 상상력의 기운에 온몸으로 공감할 수 있었다.

말 잘 듣고 공부 잘하고 동생도 잘 돌보는 장녀의 역할에 충실하지 못한 때에, 그밖에 다른 많은 이유로 아빠의 기분이 좋지 않은 때에 매일같이 짜증을 보고 듣는 일상

속에서 여자아이는 입술을 물고 잠들다가 더 커서는 손을 물어뜯는 아이가 되었다. 아침마다 또 혼이 나거나 입을 맞을까봐 얼른 내 입술을 바로 해놓으시던 은자씨의 다급한 손길이 아직도 입가에 생생하다. 손톱 옆의 거스러미들을 뜯는 습관은 10살 무렵부터 20대 후반까지 이어졌고 아침에 눈을 뜨면 따가운 열 손가락의 통증으로 하루가 시작되고는 했다. 그리고 그보다 더 오랫동안 여자아이는 누군가 기분이 좋지 않아 보이면 나 때문에 화가 난 것이 아니라는 사실을 확인할 때까지 마음을 놓지 못하는 사람이 되었다. 지금까지도 변함없이.

초등학교 1학년 두 번째 시험에서 모든 문제를 맞추고, 별 욕심없이 본 중학교 첫 시험에서 전교 1등을 하면서 나는 큰 칭찬을 받았지만, 그 후의 시간들이 1등을 한 때와 그렇지 못한 때로 이분화될 것이라는 미래를 그때 알았더라면. 성적이 좋다고 전공을 자유로이 선택할 수 있는 것은 아니라는 사실을 일찍 깨달았더라면. 나의 학창시절은 조금 더 다채로울 수 있었을까. 아니면 한심하다는 비난을 더 자주 듣게 되었을까. 좋은 성적을 받을수록 에이번리 마을의 자랑이 되어가는 앤과 달리 나는 중학교 첫 시험 이후 한 달 내내 가위에 눌리고 1등을 지키지 못하면 '동네 창피하게-'로 시작되는 책망의 대상이 되곤 했다. 주변의 모든 명사는 공부에 도움이 되는 것과 방해가 되는 것으로 나누어졌고 당시의 관심사를 흥미롭게 늘어놓을라치면 그런 게 시험에 나오냐는 핀잔이 순식간에 입을 막았다. 공부에 방해가 된다는 이유로 소지가 불가된 품목 중에는 만화책도 있었는데 하필 아홉 살 때 종영된 〈빨강머리 앤〉 만화책이 그해 말에 정식발매되고 말았다.

아홉 살이 되어도 상상 속 진짜 아빠는 나타나지 않았지만 나에게는 매주 두세 번씩 우리 집에 찾아오는 엄마의 아빠, 할배가 있었다. 아이스크림 파르페를 나에게 처음으로 사주고 기차 여행의 낭만을 심어준 사람. 계란밥을 만드는 법과 생선 가시를 바르는 법을 알려주고 불의 뜨거움과 물의 무서움을 일러준 사람. 그리고 내 첫 눈맞춤의 상대였던 사람. 할배는, 신생아실에서 둥근 눈을 반짝 뜬 아기에게 눈이 방울처럼 크다고 '방울이'라는 이름을 붙여주고 그날의 감흥을 두고두고 이야기해 주었다. 그런 할배에게 나는 가끔 속엣말을 꺼냈고 할배는 별일이 아닌 것처럼 대꾸하면서도 내 말을 담뱃갑에 넣어 도로 담아가고는 했다. 여느 때처럼 할배랑 동네를 서성이다가 백화점 지하에 있는 서점에 다다랐을 때 나는 고민 끝에, 그런데 할배- 하고 입을 떼었다. 아빠 엄마가 안 사주는 너무 갖고 싶은 책이 있다고. 엉거주춤한 자세로 근데 그 책이 만화책인데 다섯 권이나 돼… 하고 점점 고개를 떨구는데, 머리 위에서 짧고 강렬한 할배의 목소리가 들려왔다. 사모 되지!(사면 되지!) 시선을 번쩍 들어 올려다보니 할배는 여유로운 표정으로 고개를 끄덕이고 있었다. 할배가 사줄 테니 대신 니하고 내 사이의 비밀이라는 말과 함께.

TV 만화 속 장면이 그대로 담겨있는 『빨강머리 앤』 만화책을 들고 오는 길은 걸음마다 '우와- 우와-' 하고 의성어가 새겨지는 것처럼 신비롭고 황홀했다. 절대 가질 수 없을 것 같았던 만화책을 내 품에 안게 되다니. 앤이 처음으로 '기쁨의 하얀 길'을 마주하고 '반짝이는 아름다운 호수'를 지나는 장면이 눈앞에 펼쳐지는 듯했다. 비록 고민 끝에 엄마에게 사실을 털어놓고 그 얘기를 들은 할배는 우짜노 하는 표정으로 담배를 피웠지만. 학교에 만화책을 가져갔을 때 친구들은 환호하며 다시 돌아온 앤을 반겼고 책은 순번대로 친구들 손에 넘겨졌다. 인기 절정의 만화책은 아쉽게도 열정의 흔적을 안고 지친 모습으로 돌아왔지만 만화 영화가 끝난 후에 다시금 그때의 감흥을 나누는 일은 앤 또래의 여자애들에게 커다란 기쁨이 되었다.

『빨강머리 앤』비밀 연대 이후에도 할배는 방과 후, 그리고 문화 센터 수업이 끝날 때면 저만치 등장해서 밀크셰이크며 치킨을 사주고 쫑알대는 아이와 함께 집으로 돌아왔다. 혼자 터덜터덜 걷다가도 꼿꼿한 할배의 모습이 보이면 와아 할배- 하고 달려가던 날들. 어느덧 저학년의 시기가 지나고, 쟤는 왜 아직도 할아버지가 데리러 오냐는 반 애들의 눈치에 이제 나 혼자서도 갈 수 있으니까 할배는 안 와도 된다고 난감하게 의사를 전하는 시기가 도래했지만 그 후에도 할배는 멀찍이서 내 뒤를 따라 하교길을 걸었다. 그런 날이면 나는 이제 다 컸는데- 하면서 괜히 할배에게 입을 삐죽였는데, 동네를 떠들썩하게 했던 유괴 살해 사건을 할배는 내내 안주머니에 담고 있었으리라는 사실을 아주 나중에서야 깨닫게 되었다. 할배의 염려로 내가 무사히 클 수 있었다는 사실을.

공부가 일상이던 때에 할배는 늦어지는 내 귀가 시간과 점점 나빠지는 시력을 걱정하면서 총명하던 방울이의 눈을 자꾸만 입에 올렸다. 모두가 기뻐하던 대학교 입학식에서도 할배는 예전처럼 슬며시 등장해서 우리를 놀라게 하고는 그런데 왜 하필 법대인 거냐고 홀로 쓸쓸한 반응을 보였다. 그런 때마다 기뻐하지 않는 할배의 얼굴이 마음에 걸렸다. 무조건 잘해야 한다는 압박도 불편했지만 왜 자꾸 힘든 공부를 하느냐는 반응도 편치 않기는 매한가지였다.

내가 성인이 되고서도 할배는 예전처럼 나를 대했다. 내 속엣말에 놀라움을 감추고 나의 고민을 작게 접어나가는 식으로. 첫 자취를 앞두고, 아빠가 신림동 원룸에 CCTV를 설치해서 나를 감시할 거라고 했다는 고민에도 (결과적으로는 그저 으름장일 뿐이었다) 할배는 특유의 별스럽지 않은 말투로 나를 달랬다. 에이 뭐 그런 걸 걱정하느냐고. 일단 껌을 하나 씹고는 카메라 렌즈에 찍-붙여두면 그만이라고. 그리고 내가 연애도 하지 않고 계속 고시 공부에 시달리면 어쩌나 하는 걱정을 엄마에게만 내비치고는 합격 소식을 듣지 못한 채, 눈을 감으셨다.

그때 신림동 원룸에도, 그 후의 자취방에도 책장 한 켠에는 할배가 사준 『빨강머리 앤』 만화책이 늘 꽂혀 있었다. 손때가 가득한 페이지들 중에서도 항상 머무르게 되는 부분은 16살이 된 앤이 몸이 좋지 않아진 매튜에게, 제가 남자 아이였다면 많은 도움이 될 수 있었을 텐데요- 이야기하자 매튜가 '나는 어떤 남자 아이보다도 지금의 네가 좋단다. 앤은 소중한 내 딸이야' 하고 답하는 장면이었다. 그 장면은 이튿날 매튜가 쓰러져서 숨을 거두는 장면으로 이어지고. 그러면 나는 언제나 할배를 떠올렸다. 저렇게 아름다운 말을 건넨 사람을 이내 영영 보지 못하게 된다니. 어떤 마음을 알아채는 데에는 언제나 시간이 들고. 아름다움과 슬픔은 늘 맞닿아 있다는 데에서 기억은 잔인하게 남겨진 사람을 파고든다.

고시를 끝내고 입사 후 퇴사의 시간을 지나면서 나는 느지막이 할배의 쓸쓸한 표정을 이해할 수 있었고. 몇 차례 이삿짐을 옮기는 과정에서 낡은 종이 한 장을 발견하게 되었다. 그것은 할배가 늘 이야기하던, 첫 눈맞춤의 순간을 남겨 놓은 시였다. 어디 있다 왔나 / 왜 이제 왔나 로 시작해서 착하고 잇쁘고, 멋이 있고 똘똘한 방울이 라는 문구로 이어지는 시의 제목에는 '우리 방울'이라는 커다란 글씨가 적혀 있었다.

와-
　　와-

루시 모드 몽고메리, 『빨간머리 앤』, 김연숙 옮김, 우리들, 1994

가만히 느끼는 온기
… 〈아멜리에〉

    좋아하는 것과 싫어하는 것으로 이야기가 시작되는 영화 〈아멜리에〉를 보게 된 것은 비디오가 출시된 이후, 집에서였다. 개봉 당시 나는 교복 치마 위에 집에서 챙겨온 티셔츠를 갈아입고 영화관에 당도했지만 결국 청소년 관람 불가의 벽 앞에서 빠꾸를 당하고 말았다(2021년 재개봉 이후 현재는 15세 등급으로 되어 있다). 그리고 이듬해, 무리없이 비디오를 빌려온 여고생은 드디어 거실에서 아멜리를 만났다. 폰으로 인터넷을 자유자재로 사용할 수 없던 때에 거실에서 자유로이 비디오를 볼 수 있었다면 아마도 시험 직후였을 가능성이 농후했다. 그것이 우리

집의 청소년 관람 규율이었으므로. 이 모든 장벽을 넘어 만난 <아멜리에> 속에는 사랑스럽고 엉뚱한 장면이 가득해서 여고생은 통통통 운하를 가르는 물수제비처럼 그녀에게 빠져들었다.

홀로 공상을 하거나 스푼 뒷면으로 크렘뷜레 표면을 부수는 걸 좋아하는 아멜리는 어느 날, 다이애나 왕세자비의 사망 보도에 떨어뜨린 화장품 뚜껑을 찾다가 누군가의 보물 상자를 발견하게 된다. 그리고 오랜 시도 끝에 이제는 할아버지가 된 이에게 어린 시절의 보물 상자를 돌려주고, 감격에 찬 그를 보면서 앞으로는 좋은 일만 하며 살겠노라고 다짐한다. 그 후 아멜리는 눈이 보이지 않는 노인을 역까지 안내하며 주변 풍경을 하나하나 묘사하기도, 무명의 작가가 쓴 문장을 그가 잘 지나다니는 담벼락에 새겨 놓기도 하고, 그 밖에도 다소 엉뚱한 방식으로 누군가의 사랑을 이어 주거나 아름답게 완결시켜 준다. 그러는 동안 그녀에게도 우연처럼 사랑이 찾아온다. 아멜리처럼 혼자 지내는 것에 익숙한 한 사람이.

아멜리는 처음으로 누군가를 좋아하게 된 마음을 숨기

고 때로 멀리하면서 첫 눈에 반한 그, 니노와 숨바꼭질을 시작한다. 그가 떨어뜨린 앨범을 돌려주려는 첫 만남에서는, 이어지는 화살표로 그의 시선을 한참 돌려놓고 멀찍이서 앨범을 두고 도망가 버리기도 한다. 그런 아멜리가 처음으로 그에게 다가가는 장소는 뜻밖에도 유령의 집이다. 니노가 아르바이트로 일하고 있는, 놀이공원 안 유령의 집. 그녀는 니노가 있다는 곳에 혼자 열차를 타고 들어가 해골 옷을 입은 유령이 귓가에서 우-우-우- 소리를 내고 손가락으로 그녀의 볼을 스칠 때 가만히 눈을 감고 니노의 존재를 느낀다. 좋아하는 이가 그곳에 있다면 유령의 집이라도 기꺼이 홀로 들어갈 수 있는 마음이라니. 진심을 품고 가까이서 상대를 느끼는 그녀의 감은 눈에 지그시 두 눈을 포갰다.

아멜리를 만나고부터 나에게는 다소 '아멜리'적인 일상이 이어졌다. 학원을 오가며 버스를 기다릴 때면 주로 아멜리에 OST를 들었고(바람이 부는 날이면 *'Le moulin'*을 재생했다). 누군가를 좋아하게 된 때에는 잠든 나에게, 침대맡에 있는 곰돌이 푸 인형이 긍휼한 대사를 읊어주기를 바랐다(아무래도 사랑에 빠진 것 같구만-). 아멜리에 대한 동질감은 '좋은 일'에도 이어져서 나는 누군가 두고 간 지갑을 역 창구에 전달하거나, 덜 잠긴 수도 꼭지를 잠그고, 추운 날 애매하게 열려있는 문을 닫았다. 그리고 어디에선가 의미있는 문장을 발견하면 블로그 담벼락에 꾹꾹 옮겨 놓았다. 어떤 이의 머뭇거림이 손가락질을 받을 때에는 공기의 흐름을 바꿀 수 있는 말을 궁리하고, 쉽게 손가락질해대는 사람에게 웃음을 돌려줄 수 있는 뉘앙스를 생각했다. 그래서 누군가의 주눅이 잠시 펴지는 때에, 맞은편의 위세가 잠깐 멈칫하는 틈새에 참았던 숨을 내쉬었다. 그게 잘 되지 않는 경우도 있었지만.

그리고 멀지 않은 곳에 나에게도, 니노 같은 상대가 있으리라고 생각했다. 언제부턴가 사람에 대한 시선은 늘 집 밖을 향해 있었다. 그의 이미지는 너른 오차 범위 안에서 시시각각 변했지만 대화의 스텝을 잘 조율하면서 책을 좋아하는 모습은 언제나 변하지 않는 핵심 요소였다. 이야기를 귀 기울여 들어주지 않고, 책을 즐겨 읽지 않는 분위기 속에서 나는 늘 그런 사람을 그렸다. 수없이 들어왔던, 대학에 가면 연애를 할 수 있다는 말은 그 전에는 안 된다는 금기의 말이었지만 곧이곧대로 듣는 자에게는 자유의 말이 되었기에 나는 손꼽아 대학 생활을 기다렸다. 입학을 하고 금기의 봉인 해제를 기다리던 그 순간, 스르륵- 마치 아무 일도 없었던 것처럼 문장은 앞머리를 바꾸었다. '고시에 붙으면'으로. 시치미를 뚝 뗀 얼굴에 황당함을 피력해보아도 문장은 표정 하나 바꾸지 않았지만 금기 역시 예상치 못한 부분은 있었다. 앞머리가 어찌 되었든 마음 속 해방은 이미 시작되었다는 것.

학교 안은 이제 막 봉인이 풀린 사람으로 가득했고 낯설고 삭막한 캠퍼스 안에서 우리는 기댈 곳이 필요했다. 이제 막 입시의 고비를 넘고 다시 막막한 고시의 산을 앞에 두고 있는 우리에게 '고시에 붙으면'이라는 조건은 한없이 험준하고도 무거운 것이었다. 거대한 기암괴석과 수많은 출렁다리 앞에서, 친가의 장남이 연애 때문에 고시에 실패했었다는 집안의 경험(같은 핑계)이(가) 대체 삼남의 딸인 나와 무슨 상관이 있다는 것인지. 나는 그 불길한 말을 믿을 수 없었다. 긴 등반 동안, 연애를 하면 시험에 못 붙는다는 말에 기댈 수는 없었다. 내가 기댈 수 있는 곳은 실체와 온기가 있는 사람의 손이었지 냉정한 금기는 아니었다. 시간을 거슬러 올라가 보면, 어린이였을 때에도 수줍게 요새 누가 마음에 든다-고 털어놨던 말은 곧잘 비수가 되어 돌아오고는 했었다. 그래서 요즘 애가 정신이 딴 데 가있구나, 그래서 너가 성적이 떨어졌구나- 하고. 아까 친구가 했던 말을 떠올리고 있었어도, 이번 학기 시험이 영 어려웠을지라도 좋아하는 마음은 언제나 가장 손쉬운 귀책사유가 되었다.

 이유 없이 우루루 몰려다니고 학교에서 혼자 밥을 먹으면 큰일난다던 새내기의 시간이 저물고. 괜히 판례집 같은 걸 기웃거리며 등산로 입구에서 산을 한 번씩 쳐다보던 때에 옆에는 같이 등반을 앞둔 사람이 있었다. 학교에 같이 가자 말하고 판례집을 제본해서 같이 보자 하던 사람. 도서관 자리를 대신 맡아주고 지칠 무렵 잠깐 매점에 다녀오자고 말하는 사람이 있었다. 생소한 한자나 복잡한 판례가 나타나면 옆을 쿡 찔러서 물어보고, 열람실이 운영을 마감하는 밤이면 경영대에서 미술관까지 이어지는 호젓한 길을 실없는 농담으로 메우던 우리는 자연스레 등반을 함께하는 사이가 되었다. 그저 태산 같아 보이던 고시의 산을 누군가와 나란히 넘는다는 것이, 맞잡은 손의 온기가 얼마나 든든했는지 모른다.

우리는 아침부터 밤까지 열람실이나 독서실에 앉아 그날의 진도를 메우고, 매일 점심 저녁을 같이 먹는 사이가 되었다. 그리고 남는 자투리 시간이면 각자 좋아해 온 대상을 소개하고 서로의 이야기를 조각조각 꺼내 보였다. 소개의 대상에는 단연 아멜리도 있었다. 우리는 아멜리가 니노와 자전거를 타는 엔딩 장면을 보면서, 각자의 곁에 서로가 있음을 느긋이 바라보았다. 그는 대화의 리듬을 알고 내가 하는 말에 언제나 가장 크게 웃어 주었으며 책을 즐겨 읽고, 결정적으로 나를 좋아했으므로. 이 고시의 산만 넘으면 더 이상 문제는 없으리라고 믿었다. 우리는 계속 서로를 느긋이 바라볼 수 있으리라고.

그의 생일을 처음 둘이서 축하하는 날에 나는 아멜리의 화살표를 떠올리며 그에게 문자로 지령을 내렸다. 일단 어느 정류장에서 몇 번 버스를 타고, 그쯤에서 내리라고. 최종 목적지였던 강남역 케이크 가게(미고*Migo*였다)에 제대로 찾아온 그를 반기며 우리는 아침으로 홀케이크 한 판을 먹어치웠다. 생일 케이크를 둘이 단숨에 해치우는 일은 그때가 처음이었다. 놀이공원에서 생일 데이트를 하는 것도. 그런 작은 처음이 모여 어른이 되어가는 날들이 있었다.

    그러나 다른 한 켠에서 나는 여전히 금기에 매인 어린 아이였으므로, 내가 금기를 어긴 사실에는 어떠한 정상도 참작될 수 없었다. 그가 집에 바래다준 어느 날, 나는 어떤 경로로 집에 왔느냐는 심문에 진술을 번복하다가 결국 화를 입고 말았다. 이번에도 대화는 성립되지 않았고 일방적인 엄명이 있을 뿐이었다. 관계를 정리하지 않으면 강제로 정리될 것이라고. 그렇다고 해서 바로 헤어질 수는 없었지만 누군가 내 뒤를 미행할 수 있다는 충격은 생각보다 길고도 집요해서 길을 걷다 도로가 나올 때마다 우리는 손을 놓고 저만치 멀어졌다. 그저 밥을 먹고 길을 걷는 것이 데이트의 전부였던 날들에 우리는 어정쩡히 타인처럼 걸었고 그 폭마다 미안함이 쌓여 갔다. 그렇게 마음이 불편한 너는 떨어지고, 너가 있어서 든든한 개만 붙을 거라는 악담이 말도 안 되는 소리 같다가도 한 번씩 지독한 예언처럼 느껴졌다. 그럼 제 마음도 편하게 해주시면 되잖아요- 말하고 싶었지만 금기에는 온정이 없었다.

답답한 만큼 그리고 미안한 만큼 그에게 기대는 동안 차츰 관계의 축이 기우는 소리가 들려왔다. 언성이 높아지고 흐느끼고, 다시 외면하는 침묵의 소리가 이어졌다. 첫 시험은 아무래도 너만 붙을 것 같은데- 라던 그의 염려와는 반대로. 어려운 문제가 연이어 나오면 다른 사람도 마찬가지일 거라는 생각 대신 허둥지둥하다 시간 안배마저 놓치고 마는 오류코드 'o_o' 발생으로, 예언은 사실이 되고 말았다. 패인은 극악의 난이도였던 민법과 개인적 오류코드 'o_o', 그리고 이런 일을 대비하지 못한 나의 안일함을 들 수 있었겠지만 예언의 실현으로 연애는 과연 실패의 결정적인 주요 요인이 되었다. 아마 그 무렵부터 우리에게, 고시는 유일한 장애물이 아닌 관계의 기한으로 변해갔던 듯싶다. 고시의 산 안에서만 현상이 유지되는 그런 사이. 나는 그 사실을 한참 후에 알았고 먼저 높은 곳에 올라선 그는 일찍이 변화를 감지했던 것도 같다.

2년 후, 산 속에는 홀로에 익숙한 내가 있었다. 사람들은 나를 최악의 경우에 놓인 안쓰러운 이처럼 대하거나 남 좋은 일만 해준 한심한 이로 여겼지만 나는 그저 등반에 능하지 않은 고시생이었을 뿐이었다. 굳이 안쓰럽고 한심한 구석을 찾는다면 자꾸 건너편 바다를 바라보는, 산을 별로 좋아하지 않는 사람이 산중에 있다는 것이었겠지만. 이제 법전의 한자는 대부분 눈에 익었고 판례의 복잡한 사실관계에도 더 이상 구애받지 않을 수 있었다(그저 외워야 할 뿐이었으니). 중도중앙 도서관 열람실에서 나오는 길에 커다란 들개 세 마리를 마주친 밤이 있었지만 오히려 혼자여서 그랬는지 그들은 긴장한 내 앞에 잠시 멈추어섰다가 금세 가던 길을 재촉해 지나쳐갔다.

다행히 혼자인 나에게도, 아멜리의 크렘뷜레와 근사한 물수제비 같은 것들이 남아 있었다. 이를테면, 하늘과 맞닿은 수면의 푸른 층위를 더듬는 일, 촉촉한 케이크를 가르는 일, 새 책의 표지를 선에 맞추어 시원스레 펼치는 일. 좋아하는 일들 속에선 언제나 손끝이 뜨뜻해졌다. 언제까지고 기댈 수 있는 온기는 내 안에 있음을. 나는 홀로의 등반에서 비로소 알 수 있었다. 첩첩산중 속에서 다음, 그 다음 화살표만을 쫓아 마지막으로 망원경에 두 눈을 대었을 때, 비록 내가 찾는 길은 저 멀리에 있었지만. 내 볼을 스치는 아멜리의 손길을 따랐을 때 나는 무사히 지면에 닿을 수 있었다. 동그란 두 원으로 보았던 평평하고 새하얀 나의 지면 위로. 눈을 감고 두 손을 얹으면 손끝의 온기가 가만히 내게 전해져 왔다.

장 피에르 주네, <아멜리에>, 2001

이기적인 아이의 소원은
… 〈기적〉

　서로에게 마음이 멀어지는 순간을 목도하는 것이 가족이라면 우리에게 그 시기는 꽤 일찍부터 시작되었다. 자녀가 독립을 하거나 사춘기를 맞이하는 그런 때가 아니라 서로 다름을 벽처럼 느끼고 체념하게 되는 그런 순간에 대한 이야기라면 말이다. 정확히 언제부터였는지는 알 수 없지만 아마도 내가 태어나기 전부터 여자는 이미 본인이 감당할 수 없는 사람이 곁에 있음을 자각했던 것 같다. 불현듯 발산되는 화와 낯선 짜증은 여자가 컨트롤할 수 있는 범위 바깥에 있었고 애석하게도 그 모습은 결혼 전에는 결코 표출되지 않는 이면의 영역에 있었다. (그래도 관상을 보면 아는 건데… 라고 그녀의 딸은 훗날 자주 이야기하게 된다) 결혼한 지 14개월이 지나 여자아이가 태어나고 다시 50개월이 지나 남자아이가 태어나면서 여자에게는 속박이라는 글자가 짙어졌고. 짜증의 대상은 자연스레 두 아이에게로 확대되었다. 여자와 아이 1, 아이 2, 세 사람 사이를 돌아가며 반복되었던 역정의 로테이션. 짜증을 내자고 들면 건수는 얼마든지 있었고 약점을 잡자고 들면 취약하거나 허술한 구석은 어디에나 있었다. 가족은 일상을 배경으로 묶여있는 존재였으므로.

여자의 마음이 확연한 체념으로 바뀐 순간은 비교적 분명했던 것으로 기억한다. 아직 아이 1이 열 살, 아이 2가 여섯 살이던 해였다. 여자의 어머니가 갑작스레 돌아가신 그때 여자는 처음으로 진심을 입 밖으로 내었다. 엄마가 있는 곳으로 그냥 따라갔으면 좋겠다고. 그 말은 가족 모두에게 충격을 주었지만 여자에게는 그다지 놀라운 일이 아니었다. 49제를 지내고 산소에서 절을 할 때마다 여자는 한참을 엎드려 울었고 그 조용한 일시 정지의 순간마다 나는 그녀가 정말 할머니가 있는 곳으로 갈까봐 두려웠다. 그리고 아마도 그 무렵부터 헬스장에(우리는

'헬쓰'라고 불렀다) 간 그녀가 돌아오지 않을까봐 염려하는 날들이 이어졌다. 밖에서 구급차만 지나가도 무슨 일이 생겼을까 싶어 부랴부랴 전화를 걸어 그녀의 안위를 확인했고. 왜 연락했냐는 그녀의 목소리에 어물어물 괜한 말을 늘어놓으며 나는 실없이 웃었다. 다행히 도로의 사이렌 소리는 그녀와 관계가 없었고, 삼풍 백화점이 무너진 날에도 그녀의 약속은 천만다행으로 취소되어 그녀는 매일 매일 집으로 돌아왔다. 생에 집착이 없는 사람이 하루하루 긴 생을 살아내는 것처럼.

그런 와중에도 일상은 반복되었고 여자는 그럴 때마다 표정을 잃었다. 남자의 화는 공기 중에 숨어있는 바이러스 같아서 안온한 틈을 순식간에 파고들어 무언가를 감염시켰다. 분위기라든가 멘탈 같은 것들을. 신나게 밥을 먹는 중간에도 멀리 여행지에서도 예외는 없었다. 그 즈음 우리 셋의 기분은 하나로 묶여 있어서 한 명만 심한 말을 들어도 세 명 모두 멍한 얼굴이 되고는 했다. 그런 때면 가만히 있는 여자와 아이 2를 대신해서 아이 1은 바른 말을 얹었고, 그것이 나름의 균형을 지키는 일이라고 자신했다. 그럴 때마다 여자가 더욱 긴장한다는 것을 오랫

동안 알지 못한 채로. 순식간에 욕을 얻어먹는 일상 속에서 아이들은 무럭무럭 경계심을 키워갔고 빈 애정의 공백만큼 여자에게 매달렸다. 여자는 그만큼 아이들이 버거웠고, 하루 종일 경계 태세를 유지하던 아이들은 밤이 되면 이상하게 맥이 풀렸다. 비로소 고요한 밤이었다.

   고요한 밤과 삼엄한 낮이 쌓여 아이들은 차례로 학교에 들어갔고 비난을 하거나 혼을 낼 명목은 더욱 늘어났다. 우리의 성적은 모두 여자의 책임이 되었기에 나는 일상이 험악해지지 않기를 바랐다. 내가 잘하면 여자의 얼굴도 밝아졌으니까. 그러나 좋은 점수를 낼수록 어쩌다 실망스러운 성적이 나오면 분위기는 삽시간에 뾰족뾰족해졌고 공기는 더욱 무겁게 변했다. 아마도 그때쯤 아이 1은 '부당하다'는 단어를 온몸으로 실감했던 것 같다. 아닌 건 아니라고 말하고 싶었던 아이 1은 곧 공부는 잘하지만 이기적인 아이, 아이 2는 순하고 착한 아이라는 새로운 이름표를 달게 되었다. 나의 주장과 항변이 모두 말대답으로 수렴하는 때에 여자는 가끔 아이 1이 정말 싫어하는 말을 입에 올렸다. 꼭 지 애비 닮아서. 그러면 아이 1은 어떻게 그런 심한 말을 할 수 있느냐며 소리를 높였다. 비단 성격적인 부분만 아니라 외관도 아이 1은 남자를, 아이 2는 여자를 닮아서 아이 1은 언젠가부터 여자가 동생을 더 좋아하는 것 같다는 생각을 했다. 만일 여자와 남자가 같이 살지 않게 된다면 나는 우리 셋이 아닌 남자를 따라가야 할지 모른다고. 생각이 거기에 미치면 인생 최고치의 공포가 턱밑으로 차올랐다.

서로 다른 어른을 따라 떨어져 살게 된 형제의 이야기, 영화 〈기적〉은 국내에서는 〈진짜로 일어날지도 몰라 기적〉으로 개봉했지만 이번에는 원제목으로 부르려 한다 오사카에 살던 형제가 각각 큐슈의 남쪽과 북쪽에서 열어가는 새로운 일상을 아이들의 시선에서 비춘다. 형 코이치는 활화산이 있는 가고시마에서 공기처럼 떠다니는 화산재와 그에 무던한 사람들을 도통 이해할 수 없다고 생각하며 다시 네 가족이 오사카로 돌아가는 순간을 염원한다. 동생에게 전화를 걸어 남자를 잘 감시하라고 당부하면서. 그에 반해 음악을 하는 남자와 밴드 삼촌들을 챙기는 동생, 류노스케는 남자와 여자가 다투던 날들을 떠올리며 후쿠오카에서의 생활에 적응해간다. 이따금 오사카의 명물 타코야키를 사먹으면서(타코야키를 살 때마다 꼭 오사카에서 파는 것이 더 맛있다는 말을 한다). 그러다 형에게 전해들은, (아마도 지금껏 외가에서 들어왔을) '너는 아빠를 닮아서'라는 말이 떠오르면 지금의 생활이 서로에게 최선이라는 생각을 하기도 한다.

아이 1은, 여자의 말대로 남자의 성격을 닮은 구석이 있었지만 그렇다고 류노스케처럼 남자와 둘이서 지낼 자신은 조금도 없었다. 류노스케의 아빠는 화를 내지 않고, 초딩하고도 대화가 되는 사람이었지만 (그리고 오다기리 조이고) 이쪽 4인 가족은 그렇지 못했으므로. 그런 주제에 아이 1은 울분이 쌓이면 여자에게 대체 왜 저 남자랑 결혼을 한 거냐고 심한 말들을 쏟아냈다. 여자가 그저 남자의 편을 들 때에, 그리고 여자가 아이 2를 더 아끼는 것 같을 때에. 나를 사랑해 달라는 진심 대신 낯선 말들과 격앙된 기운을 광광 뿜어내었다. 남자가 그래온 것처럼. 그러면서도 늘 여자가 우리만 두고 가버리지 않기를, 우리를 계속 견뎌 주기를 이기적으로 바랐다.

가끔씩 크게 속이 상할 때면 여자는 남자에게 맞서 싸우는 대신 며칠 동안 아무 것도 먹지 않고 하염없이 잠에 들었다. 아이들이 번갈아 침대에 가서 제발 뭐라도 먹어야 된다고 애원하는 때에도 여자는 늘 감은 눈으로 나가 있으라고 이야기했다. 힘없이 잠긴, 단호한 목소리로. 돌아누운 여자의 뒷모습은 결혼 전 주말마다 늦잠을 잤다던 여자의 모습과 겹쳐졌는데. 한참을 자다가 갑자기 엄마가 어딜 좀 나가 보라기에 호텔 커피숍에서 남자를 처음 만났다는 그 이야기가 어느 순간부터 더 이상 재미있지도 낭만적이지도 않아서. 아이 1은 할 수만 있다면 84년 봄으로 돌아가 여자에게 속삭이고 싶다는 생각을 했다. 밖은 위험하니까 그냥 이대로 푹 자고 느지막이 일어나라고. 그러면 당연하게도 우리는 이 세상에 올 수 없었겠지만 여자를 생각하면 이편이 가장 좋은 방법일 것 같았다. 그리고 어쩌면 그것이, 이기적인 아이로 남지 않을 유일한 방법일 것도 같았다.

되감기가 허용되지 않는 일상 속에서 84년은 거듭 먼 옛날이 되어가고 아이들은 모두 성인이 되었다. 이제 법적으로 여자와 남자 중, 한 명을 택해야 하는 상황에선 벗어났지만 현실은 크게 달라진 것이 없었다. 그 루틴 같은 현실 속에서 우리는 스스슥 각자의 방 안으로 숨어들었지만. 함께 밥을 먹고 인사를 나누는 찰나의 순간에도 감염은 일어났고, 우리에게는 여전히 하자 같은 약점이 있었다. 이제는 비교적 천연덕스레 타격을 걷어낼 수 있었지만 헤집어진 부위를 부여잡고 누워 있는 무력감과 모멸감은 어릴 때보다도 더 선명한 테두리를 가지고 있었다. 여전히 아프고 아직도 무서운 경계선 안에서 우리는 종종 잠에 들었고. 잠으로 달아나는 여자의 마음이 깊은 슬픔이었음을 차츰 알게 되었다.

동생과 함께 살고 싶어서 화산이 폭발하기를 바라는 형과 그 동생이 서로 6개월 만에 만나서, 신칸센이 스쳐 지나가는 그 순간에 소원을 빌기로 한 것처럼 우리가 소원을 빈다면 우리는 무엇을 말할 수 있을까. 수면과 의식 사이에서 생각해 본 적이 있다. 그러나 소원은 과거를 바꾸는 것이 아니라 미래로 쏘아 올려지는 것이라는 데에서 언제나 머리가 복잡해졌다. 사람의 성정이 바뀌기를 바라는 것은 불가능에 가까운 일이었으므로. 시간을 되돌릴 수 없다면 무엇이 폭발하고 어떤 에너지가 스쳐야 멀어진 사이가 다시 가까워질 수 있을지. 이제는 가늠조차 잘 되지 않았다. 어쩌면 정반대로 아무것도 폭발하지 않고 스치지 않기를 바라야 하는 우리의 상황이 문제인지도 모르겠지만. 아이들은, 큐슈의 북쪽과 남쪽에서 출발한 신칸센이 서로 260km/h 속도로 만나는 중간 지점에서 저마다 소리 높여 소원을 빌고, 기적처럼 여행을 마치고 각자의 자리로 돌아온다. 그리고 소원을 적은 커다란 깃발은 그 자리에서 아이들의 함성처럼 계속 펄럭인다.

서울에 있는 우리에게 기적은 일어나지 않았지만. 우리 셋은 여전히 피해자 연대처럼 묶여있고 우리 집에는 폭발도 마찰도 지속되고 있지만. 우리가 이보다 더 심하게 우울해지지 않고 이 정도로 그칠 수 있어서, 남자와 헤어지고 싶다면 서면을 100장도 더 써줄 수 있다고 여자에게 농담을 건넬 수 있어서, 무엇보다 여전히 우리가 같이 웃고 울 수 있어서 참 다행이라고. 84년에서 또 한 번 앞자리 숫자가 바뀌는 시점에 이르러, 이런 다행스러움이 우리에게는 '기적'이었다고 생각하게 된다. 그럼에도 만일, 누군가 이기적인 아이의 소원도 들어주겠노라고 은근히 물어온다면. 가능성 이전의 강한 염원을 말해보라 한다면. 나에게도 말하고 싶은 것이 하나 있다. 입 밖으로 내지 못한 오랜 마음이.

옥수와 압구정을 건너는, 혹은 뚝섬유원지와 청담 사이를 지나는 상하행 열차가 서로 한강의 중간에서 스치게 된다면. 부디 언젠가는 '우리 넷'이라고 자연스레 말하는 날이 왔으면 좋겠다고. 그래서 나의 근원을, 나의 존재를 더 이상 부정하지 않고 싶다고. 쾅쾅 울리는 굉음 속에서 힘껏 진심을 꺼내어 보고 싶다. 그리고 저 아이들처럼 의연히 집으로 돌아오고 싶다. 그곳에 두고 온 소원이 진짜로 이루어질지도 모른다고 생각하면서.

고레에다 히로카즈, 〈기적〉, 2011

Single Room No.105.
#2. 온전한 홀로

 3월부터 이듬해 6월까지, 무엇보다 가장 두려운 것은 홀로 지내야 하는 15개월의 시간이었다. 고민 끝에 몇몇 아는 얼굴이 있는 법대 선후배들 스터디에 들어갔지만 서로의 공부량과 불안을 끊임없이 간보는 분위기에 되레 혼자가 낫겠다는 용기를 얻었다. 혼자 있기를 택한 덕에 철저히 고독한 시기를 보내게 되겠구나 생각했지만, 홀로 학원과 독서실을 오가고 늘 함께이던 식당에서 혼자 밥을 먹는 동안 나는 세븐 일레븐 아주머니들과 친해졌고 새로운 단골집을 만들어 갔다. 원래도 새로운 맛집을 찾아내는 것은 나의 몫이자 낙이었으므로. 작은 밥집에서 비빔

국수에 참치마요 주먹밥을 곁들이고, 지구당에서 스도쿠를 하며 오야꼬동을 먹는 동안 시나브로 알게 되는 것이 있었다. 생각보다 나는 혼자 지내는 시간을 아주 좋아한다는 사실이었다.

  그날 당기는 음식으로 메뉴를 정하고 내 기분만을 고려하는 하루하루는 생각보다 홀가분했다. 자격지심과 야속함이 잦아든 마음엔 쏩쏠한 기색이 사라져 있었고, 슴슴해진 마음으로 천천히 밥을 먹고 나면 아직도 30분의 시간이 남아 있었다. 그 30분 동안 주변 서점에 들어가 책을 구경하는 일은 또 하나의 커다란 기쁨이었다. 좋아하는 에세이, 여행, 소설 코너를 틈틈이 도는 동안 내게 맞는 책을 찾아내는 기술에도 탄력이 붙었다. 책의 뒷면, 작가 소개란, 목차, 본문의 구성을 살피다 보면 와아 이 책 정말 좋다- 는 느낌이 오는 때가 있었고, 독서실 자리로 데려온 책이 실로 마음에 쏙 드는 경우에는 발끝까지 피가 돌았다. 언젠가부터 나는 녹두 거리(사람들은 신림동 고시촌을 이렇게 불렀다)에서 연두색 버스를 타고 신림역 근처에서 밥을 먹기 시작했고 지금은 없어진 시티문고와 반디앤루니스(지금은 영풍문고가 자리하고 있다)를 돌며 휘적휘적

소화를 했다. 그 서점 놀이의 날들이 지금으로 이어질 거라는 사실은 꿈에도 모른 채.

법서 외의 책을 더 이상 읽을 틈이 나지 않게 된 때에는, 서점에서 데려온 책들을 독서실 가장 좋은 자리에 꽂아두고 애틋하게 책등을 바라보았다. 서점을 누비고, 30분이라도 시험과 무관한 책을 읽을 수 있었던 날들이 몹시도 그리웠지만 날이 추워질수록 하루에 몇 백 페이지씩 학설과 판례를 눈에 발라야 오늘의 진도가 내일로 넘어가지 않을 수 있었다. 식당이나 편의점에서 말고는 하루 종일 말을 하지 않는 날들이 이어졌고 그럴 때는 일부러 헛기침을 하거나 소리 높여 '감사합니다'를 덧붙이고는 했다. 이러다 목소리가 나오지 않으면 어쩌지 싶어 혼자 '아, 아' 소리를 내보면 잠긴 목소리가 여전히 살아 있는 마이크처럼 목을 울렸다.

홀로 하루를 보내고 집으로 돌아가 자리에 누우면, 누군가 천장에서 내려와 나를 한 번 안아주고 가면 좋겠다는 바람이 허공을 향했다. 누구라도 나를 폭 안아줬으면- 매일 밤 숨을 내쉬며 바랐지만 작은 방 안에는 아무도 없었다. 그러다 유성우가 예고된 어느 새벽에, 쏟아지는 별을 보고 싶어서 문을 열고 옥상으로 향한 날이 있었다. 차가운 밤공기 속에서 별을 기다리며 이리저리 mp3 파일을 뒤적여 노래를 골랐다. 파니핑크의 '24'가 시작되었고, 그러고 보니 나도 스물 넷이었지- 하고. 새카만 밤 속으로 '24' 라는 숫자가 새삼스럽게 밀려들었다. 아- 스물넷 사라지듯 빛을 잃은 거리 그 사랑 아- 새벽 공기에 젖어드는 몽환적인 목소리 너머로 저만치서 무언가 작은 실루엣이 눈에 들어왔다. 저기, 건너편 건물 위에 누군가 홀로 있었다. 어둠 속에서 그 실루엣도 나처럼 가만히 이쪽을 향하고 있었다. 그 시선을 응시하는 동안 새벽 4시에 나 말고도 별을 기다리는 이가 있다는 사실이 이상하게 위로가 되었다. 이 캄캄한 청춘들의 동네에서. 나는 혼자였고 그곳에서는 모두가 혼자였다. 다행스럽게도. 한참을 기다려도 별은 보이지 않고, 겹겹이 짙어지는 밤이 조금 무서워져서 서둘러 돌아와 몸을 누였을 때, 꼭 밤하늘 속 별을 보고온 것 같은 기분이 들었다. **홀로 형형한 작은 별빛을.**

힘들었던 2009년이 지나고 다가온 연초에는 그 유명한 벤쿠버 동계올림픽이 있었다. 독서실 자리에서 dmb 안테

나를 뽑아들고 숨죽여 김연아 선수의 움직임을 바라보다가 그녀와 함께 눈물을 흘리며 나는 새해 다짐 같은 것을 했다. 당분간은 그녀처럼 온몸을 내던져 뛰어오르는 것만을 생각하자고. 몇 달 후에 있을 관문을 하나씩 뛰어넘을 수 있을지 발끝이 서늘해질 때마다 그녀의 비상을 생각했다. 두려움 없이 얼음을 지치고 낙하를 모르는 것처럼 힘껏 회전하는 모습을. 그러다가도 문득 불안한 생각이 들 때면 빙판을 두드리듯 발로 독서실 바닥을 디뎠다. 혹여 무사히 넘어서지 못하더라도 내 인생이 나락으로 떨어지는 것은 아니고, 그저 엉덩방아를 찧거나 휘청이며 넘어질 뿐일 거라고 차가운 발끝을 도닥였다.

시험이 몇 달 남지 않은 봄에는 새로운 고시병(고시가 끝나면 자연 치유된다는 두통, 복통, 관절염 등의 각종 지병들)이 찾아왔는데 얌전히 있던 사랑니가 갑자기 존재감을 드러내기 시작한 것이었다. 결국 하루 만에 위아래 두 개의 사랑니를 발치한 날, 그날은 어쩔 수 없이 진도를 채울 수 없게 되었으므로 아주 오랜만에 집에서 영화를 보았다. 좋아하는 남자애를 만나러 파도 위를 다다다다 달려가는 포뇨〈벼랑 위의 포뇨〉와 함께 방방거리는 오후가 얼마나 알록달록하던지. 마취가 풀려가는 찌릿함 속에서도 부은 볼을 잡고 오랜만에 학설과 판례가 없는 세상을 신나게 누볐다. 다음날은 다시 끝없이 밀려오는 책장을 드드드드 넘어다녀야 했지만.

  시험이 한 달 앞으로 다가왔을 즈음엔 방이 자꾸만 어두워지더니 원룸 바로 앞에서 사방에 천막을 드리운 공사가 시작되었다. 아침이 되어도 빛이 들지 않는 어둑한 방이 내 미래를 암시하는 건가 싶어질 때면 애써 고개를 흔들어 밖으로 나갔다. 어차피 나는 밤에 돌아오는 사람이었고 이 방에서의 시간도 이제 얼마 남지 않았으므로. 그렇게 불쑥 튀어나오는 변수와 불상사를 어찌어찌 받아들였다고 생각했을 때, 갑자기 독서실 옆자리에 사람이 바뀌었다. 하필 시험이 코 앞으로 다가온 때였다. 치전치의 학전문대학원을 준비하는 모양인 옆 사람은 책장을 넘길 때마다 무료한 듯 책을 슥슥슥 위로 밀고 다시 아래로 스윽 당겨오는 동작을 반복했고 그 일정한 소리에 뇌가 구겨질 것 같아서 결국 시험 하루 전날 울상을 지으며 자리를 옮겼다. 오랜 기간 적응해 온 자리를 뒤로 하고 낯선 곳에서 결전의 순간을 맞이하게 되다니. 울려퍼지는 함성으로 16

강 진출 소식을 알 수 있었던 6. 22. 은 남아공 월드컵 마지막 조별 리그 경기가 있는 날이었고. 그 다음날인 6. 23. 부터 나흘 동안의 시험 일정이 시작되었다.

어떤 선배는 나흘간 총 두 시간을 자며 시험을 치러냈다더라 하는 전설 같은 이야기는 언제나 괴담처럼 으스스했는데, 닥치면 어떻게든 된다는 선배들의 말처럼 어찌어찌 매일 두 시간 정도를 자면서 4일을 버틸 수 있었다. 눈에 바른 내용들이 잠 속에서 흩어지지 않기를 바라며 잠들고 부스스 깨어나던 새벽녘. 아침이 되면 엄마가 신림동으로 와주셨고, 시험장인 건국대로 향하는 동안 오랜만의 드라이브에 들뜨는 속도감을 느꼈다. 마치 시험장이 아닌 다른 곳으로 향해 가는 것처럼. 대부분의 문제를 몰라 엎드려 자기도 했던 첫 번째 시험과 달리(2차 시험은 두 번의 기회가 주어지는데 첫 2차 시험은 1차 시험 합격 후 4개월만에 치러지는 것이어서 보통 시험장의 분위기를 체험하는 데에 의의가 있었다) 두 번째 2차 시험은 떨어지면 다시 1차 시험부터 시작해야 하는 마지막 기회 같은 것이었는데 그럼에도 좋은 것들은 있었다. 어딘가로 멀리 이동하는 승차감과 오랜만에 보는 엄마의 얼굴, 그리고 누군가와 함께 먹는 저녁. 비록 음식이 나올 때까지 프린트물을 테이블 위에 펴놓고 계속 활자를 눈에 옮겨야 했지만 그 와중에도 이 지난한 시간들이 끝나간다는 홀가분함이 있었다.

마지막 날 드디어 민법 두 과목을 끝내고 토니로마스에서 저녁을 먹고 있을 때, 문득 아무것도 펴놓지 않고 밥만 먹고 있다는 사실이 낯설고 행복해서 갑자기 눈물이 터져 나왔다. 얘가 왜 이래- 하는 엄마의 목소리를 들으며 엉엉 울었던 날. 더 이상 쫓기는 기분으로 책장을 넘기지 않아도, 밀린 진도에 자책하지 않아도 되었고. 갑자기 고시병이 도지거나 순간의 행동이 패인이 될까 걱정하지 않아도 괜찮았다. 그리고 다시 일상의 자유가 주어졌다. 천천히 밥을 먹고 어디든 갈 수 있는 시공간의 자유가. 그 자유와 함께, 온전히 혼자였지만 결코 자유롭지 못했던 105호에서의 생활을 정리했다. 나는 휘청이며 착지했지만 다행스럽게도 신림동으로 다시 가야하는 일은 일어나지 않았고. 사늘하던 스물 다섯의 여름도 어느덧 지난 계절이 되어 있었다.

□에 기대어 ■ 버튼을
… 〈중경삼림〉

　다섯 학기를 휴학하고 다시 복학한 마지막 학기에도 학교는 어려운 타인 같았다. 캠퍼스 안에는 10월부터 찬 기운이 돌았고 종강까지는 더 추워질 일만 남아 있었다. 휴학 전에는 거대 자본의 유입을 반대한다는 대자보를 심심치 않게 보았던 것 같은데 이제 학교에는 대형 체인 카페와 식당이 단과대마다 한두 개씩 들어와 있었다. 그럼에도 법대 근처에는 여전히 앉아 쉴 만한 넓은 공간이 없어서 공강은 애매한 시간이 되었다. 아무리 2009년도부터 더 이상 신입생이 없어졌다고 해도 법대 주변을 돌아다니기에는 고학번의 민망함이 자꾸만 시야를 가렸다. 그리고 마지막 학기에 나는 캠퍼스 안에서 홀로였다. 잠시 우루루 몰려다니던 동기들도, 거의 늘 같이 있었던 남자친구도 모두 일산이나 고시촌, 그 어드메로 관악을 떠나 있었다.

공강을 좀 어떻게 해보겠다고 입구역이나 녹두 거리로 나가자니 이동하는 데에만 왕복 30분이 더 걸렸고, 무슨 수업이든 고학번의 이름부터 호명하는 터에 살짝 늦게 들어가는 요령에 기대어 볼 수도 없었다. 아직 사시 합격 발표가 나지는 않았지만 (보통 10월 말에 발표가 있었다) 다시 도서관에 앉아있을 마음은 들지 않았고 소설을 쓰는 것 또한 컴퓨터 앞에 자리가 있을 때의 이야기였다. 그리고 무엇보다 괜히 학교 안을 돌아다니다 아는 얼굴을 마주치는 우를 범하고 싶지 않았다. 아는 사람이 많이 없어졌다고 해도 서로 인사를 할지 말지 고민되는 사람이 위아래로 쌓이는 것이 고학번의 난감한 숙명이었으므로. 그러는 와중에, 요즘 학교 잘 다니고 있나요- 메이 언니에게서 반가운 연락이 왔다. 공강 시간에 어디 가기가 영 애매해요- 냉큼 답을 보내자 예상 밖의 제안이 돌아왔다. 그러면 중앙 도서관에 있는 영상실에 한 번 가보아도 괜찮을 거라고.

  다음 공강 시간에, 평소와는 다른 걸음으로 성큼- 중도 계단을 올랐다. 처음 보는 통로를 따라 조심스레 들어선 방 안에는 자리마다 배가 불룩이 나온 브라운관 TV와 옛날 헤드폰이 놓여 있었다. 그 뒤로는 케이스의 좁은 '등'만으로 광활한 벽면을 빼곡히 채우고 있는 DVD와 CD가 보였다. 마음에 드는 사람 등 뒤에서 조심스레 손을 가져다 대듯이 케이스 하나를 꺼내와 헤드폰을 쓰고, 기다란 리모콘으로 재생 버튼을 누르면 저마다의 화면에서 볼록한 세상이 펼쳐졌다. 1학년 때부터 법전과 옥편을 함께 펴두고 한숨을 내쉬던 중앙 도서관 안에 영상실이 있었다니. 6년 만에 학교의 비밀을 알게 된 기분이었다. 이미 그 비밀을 알고 있는 사람들은 생각보다 많아 보였지만.

  오래전부터 마음에 담아두고 시험이 끝나면 봐야지 했던 이름들, 그 리스트 안에는 〈중경삼림〉도 들어 있었다. 마네킹 같은 모습으로 홍콩 거리를 정신없이 누비는 임청하와 파인애플 통조림을 먹어 치우는 미청년 금성무, 스낵바에 기대어 진한 눈빛으로 블랙커피를 마시는 양조위

와 'California Dreamin' 노래에 이리저리 큰 눈을 깜빡이는 왕페이가 나오는 영화. 기다란 리모콘으로 ▶ 버튼을 누르자 금발 가발에 레인코트를 입은 여인(임청하 분)이 등장하고. 여자친구 메이와의 이별을 5월 1일까지 유예하고 있는 경찰 233이(금성무 분) 곧 0.01cm 거리에서 금발 가발의 여인과 스쳐 지나갔다. 그들을 뒤쫓는 카메라 무빙과 동선을 휘감는 묘한 선율에 빠져들다가 6시에 운영을 마감한다는 안내 방송에 ■ 버튼을 누르고 밖으로 나오자, 사늘한 캠퍼스에 쿵쾅쾅- 불안정한 음악이 흐르며 익숙한 정경이 섞여 들었다. 꼭 90년대 홍콩의 거리처럼. 금발 가발의 여인이 인도인들을 피해 지하철 안으로 뛰어들듯이, 혹여 아는 사람 눈에 뜨일까 조심하며 서둘러 셔틀버스에 몸을 실었다. 지금의 감흥이 깨지기 전에.

이번 버스에 인도인이 오르지 못했는지 확인하고 안도하는 대신 서둘러 고개를 창밖으로 돌렸다. 그 측면이 내게는 최선이었으므로. 법대 사람과의 스몰 토크가 왜 그렇게도 꺼려졌었는지 생각해 보면 단 몇 차례의 문답 만으로 누군가의 근황을 파악하려는 그 의도가 언제나 마음에 들지가 않았다. 이를테면,

다시 복학한 거야? (존댓말이어도 다르지 않다)	네
시험은 잘 봤어?	글쎄요
이번이 재시였던가?	
(유사 질문으로 몇 번째 2차였니? 가 있음)	네
(갑자기) □□는 이미 붙었던가?	…네
(…을 놓치지 않고) 아, 둘이 헤어졌던가?	네…

이 대화는 무한히 확장되거나 더 디테일해질 수 있는데 여하튼, '네'를 거듭하는 동안 순식간에 기분이 뭣해진다는 점과 이제 나의 근황이 퍼지는 것은 시간 문제가 되었다는 점은 어떤 경우에도 다르지 않았다. 이제 며칠 있으면 내 귀에도 전해지는, 몇 번의 '네'를 얼기설기 이어 붙인 소문은 곧잘 이런 모양이 되어 돌아오곤 했다.

○▽이가 이번에야 재시를 본 거 같던데 영 별로인가 보더라. 헤어진 □□는 진즉에 붙었다던데.

그러니 법대 사람은 피하는 게 상책이었다.

이튿날에도 볼록한 화면 앞에 앉아 ▶ 버튼을 누르자 멈추어 있던 그들의 일상이 다시 생기를 띠었다. 남겨진 이들의 투명한 슬픔에 빛이 들듯이. 경찰 233은 5월 1일을 기한으로 하는 파인애플 통조림을 겹겹이 쌓아두고 한없이 먹어치우며 메이의 연락을 기다린다. 그리고 눈물이 날 것 같은 때에는 힘껏 운동장을 돌면서 몸 안의 수분을 내보낸다. 이별 속에 있는 또 다른 경찰 663은(양조위 분) '미드나잇 익스프레스'에서 연인이 남긴 마지막 편지를 계속 찾아가지 않고 그저 스낵바에 기대어 천천히 커피를 마신다. 그리고 방에 돌아가서는 물기를 떨구는 행주와 얇아진 비누를 붙들고 너무 슬퍼하지 말라고, 다시 자신감을 가지라고 위로를 건넨다. 그 슬픔 위로 슬며시 내가 아는 실연이 겹쳐진다. 1년 전 □□에게서 이별 통보를 받고, 네가 학교에 남아 있는 때까지 유예 기간을 가졌으면 좋겠다고 부탁하던 ○▽의 모습이. 그러면서 그 해가 지나기 전에 □□가 헤어지자는 말을 다시 거두지 않을까- 일말의 기대를 가지고 있던 작년의 내가 충킹맨션에 기대어 비스듬히 시선을 돌리고 있었다.

파스타 맛집을 찾으면 무조건 오일 파스타를 시키던 □□처럼 오일 소스를 주문하고, 처음부터 끝까지 오일 파스타를 먹으면 이런 맛이 나는구나 혼자 깨닫던 날들. 그가 좋아해서 질투했던 여배우의 매력에 뒤늦게 공감하던 밤들. 지선의 '그는 널 사랑하지 않아', 박지윤의 '봄, 여름 그 사이', 브로콜리너마저의 '앵콜요청금지'를 줄기차게 틀어두었던 반복RPT의 하루들. 이별의 유예 기간이 한참 지나고 다시 돌아온 학교에는 곳곳에 □□의 잔영이 스쳤고, 그 옆에는 지금을 모르는 느슨한 내가 함께 있었다. 이제는 카페로 바뀐 법대 매점 안에도, 중도 매점 한 켠에 자리하던 조각 피자 진열대 앞에도, 음미대 벚나무 옆 벤치 위에도 그와 내가 있어서. 애매한 공강이 더욱 난감해졌음을 나는 알고 있었다. 사실은 다른 누구보다 그 둘을 피해 달아나고 싶었음을.

여러모로 숨어들기에 최적의 장소인 네모 칸 안에서. 하루 종일 인도인들에게 쫓기던 금발 가발의 여인은 처음으로 두 발을 뻗고 곯아 떨어지고. 그 옆에서 233은 셰프 샐러드와 감자튀김을 우걱우걱 입에 넣으며 밤새 옛날 영화를 보다가, 그녀의 구두를 넥타이로 닦아주고는 다시 조깅을 하러 나간다. 이어지는 장면에서도, 663은 그의 집에 무단침입을 하려다 들켜 다리에 쥐가 난 페이(왕페이 분)에게 마사지를 해주고, 스르륵 잠이 든 그녀의 곁에서 나란히 눈을 감고 낮잠에 빠져든다. 누군가의 곁에서 긴장을 내려두는 나른한 새벽과 안온한 오후의 틈 사이에서, 나는 네모 칸 귀퉁이에 머리를 맞대고 찬찬히 숨을 내쉬었다. 안도의 순간을 조심스레 대하는 타인의 성정에 기대어. 그러고 보니 꽤 오랜만이지- 싶었다. 느슨히 공강을 보내는 그리운 나를 다시 만나는 일은.

   메이 언니의 연락 덕분에 나는 도서관 한 켠에서 이따금 마음을 내려놓으며 종강을 맞이했다. 파인애플을 아무리 먹어도 이별이 번복되지 않았던 233처럼 이별에 희망을 품던 나의 유예 기간도 조용히 막을 내린지 오래였지만. 어느 날 불현듯 혼자가 되어, 아름다운 기억이 점점 애달픈 장면으로 바래더라도. '기억이 통조림에 들어있다면 유통기한이 없기를 바란다. 만일 유통기한을 정해야 한다면 만 년으로 해야지'라고 담담히 읊조리는 233 덕분에. 줄곧 ‖ 일시 정지 상태로 머물러 있었던 화면에 ■ 버튼을 눌러 붉어진 이마에 서린 열기를 식힐 수 있었다. 겹겹이 쌓인 기억을 캠퍼스 안에 봉하고 기한을 미정으로 둘 수 있었다. 그곳에 아름답고도 느슨한 한때가 있었음을. 가만히 보고 있으면 문득, 한기가 도는 캠퍼스 안이 LA처럼 따뜻하고 안전하게 느껴져서 나는 그런 겨울날이면, □에 기대어 꿈을 꾸었다. 틈을 소중히 여기는 이 옆에서 편히 잠드는, 나만의 캘리포니아 드리밍을.

> I'd be safe and warm
> If I was in LA
> California dreamin'
> On such a winter's day

> 만약 내가 LA에 있었다면
> 나는 편하고 따뜻했을 텐데
> 나는 캘리포니아 꿈을 꿔.
> 이런 겨울 날이면

The Mamas & The Papas ··· California Dreamin'

그때의 영상실은 없어지고 현재는 서울대학교 중앙 도서관 6층에 관정미디어플렉스가 생겼다고 한다.
그는 날 사랑하지 않아 ··· 지선 '그는 널 사랑하지 않아'
봄 여름 봄 이제는 안녕 ··· 박지윤 '봄, 여름 그 사이'
여기까지가 좋을 것 같아요 ··· 브로콜리너마저 '앵콜요청금지'
이 마지막 가사들은 이별을 받아들이는데 도움이 되었다.

왕가위, <중경삼림>, 1994

푸른 숨을 내쉬며
… 두 번의 제주 올레 여정

합격 발표가 나던 그 해 겨울, 스물 다섯이 되어서야 처음으로 혼자서 여행을 떠났다. 딸이 혼자 여행을 간다는 사실에 정현김과 신장군은 아무래도 탐탁지 않아 했지만 혼자 꼭 가보고 싶은 곳이 있었다. 홀로 걷고 싶은 바닷길이.

혼자 떠나는 여행은 처음이라 나는 정현김에게 등산화와 점퍼를 빌리고, 외할머니의 유품인 자주색 지갑을 챙겼다. 혼자 얼마만큼의 짐을 가져가야 불안과 부담 사이에서 적정선을 걸을 수 있을지, 현금은 어느 정도 가져가야 하는지 수많은 물음표들 틈에서 짐을 꾸리고. 다음날, 듬직한 야자수가 바라다보이는 제주 공항에서 파란 빛의 제주 올레 패스포트를 손에 넣었다. 좌석 버스에 자리를 잡고 도톰한 커버와 비어있는 속지를 이리저리 매만지는 동안 밤의 버스는 묵묵히 남향으로 나아갔다.

  첫날 저녁에 들어간 식당에서는 앞으로도 계속 듣게 될 "한 명…?"이라는 말을 처음 들으며 혼자서는 먹지 못할 넉넉한 양의 밑반찬과 해물 뚝배기를 접하고, 깜깜한 골목을 따라 숙소로 돌아왔다. 해가 지고 나면 제주는 달빛에 의지해야 할 정도로 사위가 먹먹해져서 그 어둠에 화들짝 놀라 걸음을 서두르게 되었다. 밤에는, 챙겨 보던 드라마 〈아테나 : 전쟁의 여신〉 속 정우성님마저 곁을 떠나가고, 혼자 자는데 무섭지는 않을까- 싶던 첫날밤의 걱정이 무색하게 옆방에서 밤늦도록 떠드는 소리가 텅 빈 공간을 채웠다. 게스트 하우스가 아닌 무슨 무슨 민박으로 끝나던 숙소에는 1인실이 없는 대신 1인용 가격이 있어서 나는 비수기의 1인 가격으로 매번 널찍한 방에서 잠이 들었다. 쓰지 않는 베개 하나를 끌어안고서.

날이 밝자 새까맣던 창밖으로 연푸른색 바닷물이 넘실거렸다. 그러고 보니 오션 뷰의 민박집이었다. 이른 아침 큼직한 전복이 듬성듬성 씹히는 전복죽을 챙겨먹고 등산화 끈을 단단히 묶고서 길을 나섰다. 이윽고 5코스의 시작을 알리는 표지판과 수없이 상상하던 파아랗고 다홍다홍한 리본이 눈에 들어왔다. 패스포트에 첫 도장을 꾸욱 누르고, 나는 서서히 올레길 안으로 들어섰다. 왼쪽에 바다를 놓고 하염없이 제주를 걷는 바당올레로.

올레길을 알게 된 것은 신림동 105호에서였다. 그곳에서 제주 올레를 기획하고 만든, 그리고 그 길을 거닌 사람들의 이야기를(서명숙, 『제주 올레 여행』) 들여다보며 참 많이도 울었다. 살면서 우리는 왜 그리 많은 터널을 지나게 되는 것인지. 언젠가 시험이 끝나면 섬 주위를 두른 길 위에 나 또한 터널의 기억을 놓아두고 오고 싶었다. 드디어 올레길 위에 서서, 나는 아주 조금이라도 가벼워지고 싶었고 그저 아무 생각 없이 걷고 싶었다. 그렇게 하루에 하나의 올레 코스를 완주하는 것이 첫 홀로 여행의 유일한 계획이 되었다. 코스의 처음과 중간, 끝에서 세 번의 스탬프를 찍고 바닷바람에 흩날리는 리본에 의지해 모르는 길을 나아가다 보면 오후 4시가 되기 전에 목적지에 도착하곤 했다. 하나의 코스를 끝내고 마지막 도장을 찍는 순간의 홀가분함, 오늘의 종점이자 내일의 시작점 부근에서 샤워를 하고 나온 후의 노곤노곤함, 설렁설렁 맞이하는 갈칫국이며 전복 뚝배기의 보글거림 속에는 오늘 하루를 참 잘 살아낸 것 같은 개운함이 들어 있었다.

   방에 돌아와 매일 밤 전화를 걸면 정현김은 내 이야기를 조금 듣다가 이내 걱정스러운 목소리로 온갖 것을 조심하라는 이야기를 늘어놓기 시작했다. 방문은 꼭 잠그고 자고 누가 말을 걸어와도 대꾸도 하지 말고 늦은 시간에 절대 나가지 말고… 그런 말을 한참 듣다 보면 어느덧 조금씩 불안해져서 나는 결국 "엄마, 나는 엄마가 (하는 말이) 제일 무서워" 하고 말해 버렸고. 어느 날은 저녁을 먹으러 나가는 길에 방문이 제대로 잠겼는지를 단단히 확인하다가 그만 손잡이를 부쉈다. 다음날 1인용 비수기 방값만큼의 수리비를 내고 출발하려는데 주인 아주머니는 내 배낭 속에 자꾸만 귤을 집어넣어 주셨다. 더 많이 가져가서 걸으면서 먹으라고.

손잡이의 변화

한 코스당 15~17km 정도 되는 올레길을 타박타박 걸어 나가다 보면 아무리 겨울이라 해도 목이 말랐다. 그럴 때 가장 좋은 것은 의외로 귤이었다. 물을 마셔도 금세 다시 목이 마르는 길 위에서 속속 귤껍질을 까서 한 알 한 알 입 안에 넣으면 적당히 새곰한 물기가 입 안에 배어들었다. 그래서인지 제주의 식당이나 올레길 쉼터에서는 귤이며 한라봉이 종종 박스째로 놓여져 있었다. 매직으로 쓴 '올레꾼들 가져가세요' 라는 글씨와 함께. 민박집 아주머니한테서 받은 귤을 열심히 배낭에서 뱃속으로 옮기는 동안 나의 발소리에 커다란 개들은 돌담 너머로 얼굴을 내밀었고 작은 강아지들은 종종 걸음으로 내 뒤를 쫓았다. 제주에는 외로운 개들이 참으로 많았다. 나는 올레길을 걸으며 그 사실을 처음 알게 되었고 처음 보는 올레꾼의 등장에 일단 따라 나오고 보는 희고 누런 강아지들 덕분에 우리는 잠시 동안 외롭지 않을 수 있었다. 개중에는 한참 동안 동행이 되어주는 이도 있어서 나는 몇 번이고 뒤를 돌아보며 '너 자꾸 나 따라오면 안돼' 하고 걱정스런 표정을 건넸지만 그들은 적당한 지점에서 모두 원래의 제 집으로 총총총 돌아갔다.

길을 걷다 갈치조림을 1인분만 해주실 수도 있는지 두 손을 모으고(해주셨다!), 오겹살 생각에 처음으로 혼자 식당에서 고기를 굽고(혼자 들어가자 직원분들의 동공이 흔들렸다), 감귤 막걸리가 궁금해서 두어 잔을 마시고 남은 병을 가방에 넣어오다가 술을 마시고 걸으면 안 된다는 사실을 어질어질 깨닫는 동안 나 혼자 이 길을 걸어도 되는 건가 싶은 호사스러운 바당과 곶자왈, 오름이 끝없이 사방을 메웠다. 두 다리로 한 발 한 발 걸음을 잇다 보면 저 앞에 있던 등대가 어느덧 저 멀리 뒤편으로 비켜나 있었고 제주의 바다는 각자의 푸른빛으로 일렁이고 있었다. 올레 코스에는 저마다 난이도가 붙어 있었는데 신기하게도 '상' 코스를 내딛을 때는 다잡은 마음만큼 걸음이 힘들지 않았고 반대로 '하' 코스를 걸을 때에는 생각보다 쉽지 않다는 실감에 자꾸만 발이 무거워졌다. 상중하의 코스(5, 6, 7, 10 코스)를 모두 접하는 동안 올레길은 내게 직접 두 발로 걸어보기 전까지는 누군가 매겨 놓은 정도를 꼭 스스로의 척도로 삼을 필요는 없다는 이야기를 넌지시 전하고 있었다.

그로부터 2년이 조금 지나 입사를 하고, 나는 낯설고 어려운 사무실에 혼자의 여행에서 데려왔던 새파란 빛의 간세(쉬엄쉬엄 천천히 걸어가는 형상을 뜻하는 제주 말) 인형를 걸어 두었다. 그리고 바다가 생각날 때면 물끄러미 간세의 푸른 천을 바라보았다. 길목마다 휘날리던 리본과 제주 바다를 꼭 닮은 푸른빛을. 서른 살이 되기 전까지 모든 올레길을 완주하겠다던 결심 너머로 시간은 빠르게 흘러 3년차 변호사가 되었을 때, 나는 한국 나이로 이미 서른이었다. 크리스마스가 금요일이던 서른 살의 12월에 나는 얼른 제주행 밤 비행기표를 끊었고 두 번째로 올레길 위에 서게 되었다. 계획을 아무래도 마흔으로 수정해야겠다고 생각하면서(이 계획 또한 수정을 앞두고 있다).

민박집 사장님이 주신 크리스마스 카드와 맥주로 이브날 밤을 보내고. 주어진 금토일의 시간 동안 두 개의 코스(18, 19 코스)를 나누어 걸으며 오래도록 앉아만 있던 몸을 움직여 앞으로 나아갔다. 눈 안에 모든 푸른빛을 담을 듯이 필사적으로 푸른 리본을 찾다가 어느덧 리본이 바로 흩날리지 않아도 왠지 저쪽이려니 하고 걷는 동안 손끝으로 바다 내음이 배어들었고, 총천연색으로 부서지는 파도를 보면서 바다는 살아있구나-하는 생각을 했다. 일을 시작하면서 하루 종일 살아있는 무언가를 그토록 오랫동안 지켜본 일이 없었다.

 이번에도 개들은 외로운 눈으로 나에게 다가왔고 하얀 솜뭉치 같은 강아지가 온몸으로 빙빙 내 다리를 감쌌다. 목이 마르면 말없이 귤껍질을 까며 걸었고, 기운이 필요할 때는 제주말이 나오는 루아의 '봐사주'를 들었다. 동쪽으로 걷는 동안 육지로 향하는 비행기가 자주 머리 위를 가로질렀고 나는 제주 사람인양 멀찍이 서서 비행기를 바라보았다. 오랜만의 걸음 끝에 결국 엄지발 아래 기다란 타원 모양의 물집이 자리를 잡았고 나는 통증과 함께 19코스의 마지막 도장을 찍었다. 꾸욱- 힘을 주어 서른의 시간에도 완주의 도장을 새겼다.

 다시 돌아온 월요일에는 어디로도 향하지 않고 내내 앉아있는 하루가 영 이상했고. 남아 있는 물집의 모양이 꼭 제주를 닮아서 나는 발에 제주를 달고 왔다고 절뚝절뚝 좋아했다. 철야를 하기에 지나치게 춥고 건조한 사무실 안에서 간세 인형을 바라보고 있으면, 비스듬히 걸려

있는 새파란 조랑말 뒤로 쪽빛 바다와 정방향의 리본이 파르르르 휘날렸다. 바람이 알려주는 곳으로 쉬엄쉬엄 다가가 모든 것이 선명한 제주를 담는 일, 올레는 살아있는 푸른 숨이었다.

고랑몰라 봐봐사 알주
고랑몰라 봐사주
말해서 몰라 봐야 알지
말해서 몰라 봐야지

루아 … '봐사주'

'숲'에서 만나기로 해요
… <연애시대>

 봄 기운이 피어날 때면 자연스레 떠오르는 장면이 있었다. 드라마 <연애시대> 첫 화에서 은호(손예진 분)가 자전거를 타고 언덕길을 내려와 일터인 스포츠 센터로 출근하는 그 길목이 내게는 언제나 푸르른 4월의 봄날 같았다. 움트는 꽃망울을 보는 것처럼, 장면을 횡단하는 자전거의 리듬과 은호의 싱그러운 표정을 보고 있으면 자그맣게 마음이 일렁였다.

 고시를 처음으로 준비하던 2006년에 <연애시대>는 인기 속에 막을 내렸고, 나는 그로부터 1년이 지나 시험에 떨어지고서야 뒤늦게 <연애시대>에 접어들었다. 짧은 머리를 한 은호와 지호(이하나 분), 그리고 서점지기 동진(감우성 분)이와 닥터공(공형진 분)이 서로를 염려하고 신경쓰는 세계로. 그때부터 매년 봄이 오면 은호의 출근길에 이끌려 <연애시대>를 정주행했다. 그러니까 <연애시대>는 5년 동안 이를테면 나의 봄맞이 같은 것이었다.

스물 두살부터 스물 일곱살까지, 고시생이 연수생이 되었다가 수료를 앞두는 동안, <연애시대> 모드에 접어드는 봄이 오면 은호와 동진이가 종종 마주치는 던킨 도너츠에서 괜히 보스턴 크림을 집어 들거나 버스를 타고 동진이가 일하는 강남 교보문고로 향했다. 그러는 사이, 던킨과 교보에 항상 같이 가고는 했던 남자친구와 드문드문 연락을 주고받는 친구 사이가 되어 버렸다.

먼저 시험에 붙은 그가 남은 학점을 메우며 학교에 남아 있는 동안 헤어지고도 달리 가까운 친구가 없었던 우리는 즐겨 찾던 장소에서 자꾸만 마주치는 은호와 동진이처럼 이따금 마주 앉아 밥을 먹고 차를 마시며, 해도 그만 안 해도 그만인 이야기를 나누었다. 점점 멀어져 가는 마음을 확인하면서 나는 어쩐지 은호처럼 짧고 구불거리는 머리를 하고 싶었지만 손이고(손님 이건 고데기예요) 멘트에 하는 수 없이 일본 체육 소녀스러운 단발 머리로 고시생의 시간을 보냈다. 그것은 그것대로 간편하고 매일 입고 다니던 츄리닝에도 잘 어울렸지만 따라할 수 없는 은호의 머리처럼. 다시 서로의 마음을 받아들이게 된 은호, 동진이와 달리 우리는 영영 친구 사이로 남게 되었다.

사람을 사귀는 동안 얼마만큼 솔직해도 되는 것인지 몸을 사리는 지금과 다르게 20대 초반의 나는 한 치의 의심도 없이 남자친구와는 모든 걸 공유해야 한다고 생각했다. 조금 덜 솔직했더라면 우리가 헤어지는 일은 없었을까- 되새기던 그때의 슬픔이 아마도 지금의 망설임을 낳았을 테지만 당시의 우리는 쉽게 내놓을 수 없는 이야기들을 서로에게 조금씩 터놓으면서 모든 것이 불투명한 시기를 지났다. 신림동에서의 불안과 20년 남짓 인생에서의 아픔, 그리고 마음 속 깊이 자리하고 있는 꿈 같은 것들을. 어떤 이야기를 해도 우리는 창피하지 않았고 그 아무렇지 않음에 헤어지고 나서도 이따금 쉬이 꺼낼 수 없는 이야기를 관성처럼 서로에게 내보였다. 이를테면 이 일을 그만두고 글을 쓰고 싶다는 이야기 같은 것들을. 그리고 한동안 말없이 각자의 일상을 살았다.

2차 시험을 치고 결과를 기다리던 마지막 학기에 나는 중앙 도서관 컴퓨터실에서 소설을 써내려 가기 시작했다. 등장인물의 이름을 하나 하나 고르고 그들의 말투와 취향을 알아가는 시간이 낯설게 좋았다. 여름에 찾았던 잘츠부르크의 한 호스텔에서 시작된 이야기였다. 소설이 중반에 이르기 전에 나는 일산으로 이사를 했고, 연수원에서의 시간들은 시험에 붙었다고 해서 덜 좋아하는 일을 더 좋아하게 되지는 않는다는 사실을 확인하는 날들이었다.

성인들의 고등학교 같았던 연수원에서 받은 첫 월급으로 나는 <연애시대> DVD를 나에게 선물했다. 그리고 매일 아침, 수업을 들으러 가기 전에 천천히 <연애시대>를 보면서 아침을 먹었다. 여전히 은호는 산뜻한 얼굴로 자전거를 타고 일터로 향했고 동진은 책이 가득한 공간을 누볐다. 은호와 동진, 지호와 닥터공은 할 이야기가 있으면 언제나 단골 술집 '숲'에 모여 티격태격 머리를 맞대고 슬라이드 폰을 밀어 상대방을 찾았다. 그들을 보다가 검은 정장을 몸에 꿰어 출근을 하면 외워야 할 문구들이 교실 안을 메웠고, 동기들은 이야기를 나누다가도 지금 우리가 한가하게 이럴 때가 아니지- 하며 하나 둘 책상 앞으로 흩어졌다.

그 속에서 '숲'이 필요할 때면 운동화 끈을 조여 매고 호수 공원으로 향했다. 자전거로 호수 둘레를 빙 두르고, 호숫가에 번지는 달과 가로등 불빛 사이를 가르다 보면 낯선 일산에도 마음을 둘 곳이 적어도 한 군데는 있는 듯했다. 어떤 날은 11시 정각에 공원의 가로등이 모두 꺼진다는 사실을 모르고 느지막이 평소처럼 페달을 굴렸다. 갑자기 캄캄해진 공원은 조금 무서웠지만 전조등이 밝히는 불빛을 따라 <E.T.>의 자전거처럼 어디론가 날아가고 싶다는 생각을 했다. 호수 위를 넘어 경쟁과 견제가 없는 곳으로. 산뜻하게 달을 가로질러 저 멀리 나아가고 싶었다.

연수원을 수료하고 일을 하게 되면서 더 이상 봄이 와도 <연애시대>를 보지 않게 되었다. 찬찬히 <연애시대>를 볼 시간이 나지 않았던 동안 <연애시대>는 제법 예전의 드라마가 되었고 떠오르는 신예였던 이하나, 이진욱, 오윤아, 문정희, 하재숙, 진지희 배우들도 다양한 배역을 지나 유명한 배우가 되었다. 경쟁과 견제가 없는 곳은 어디에도 없었지만 몇 년 후에, 나는 <E.T.>의 자전거 비슷한 것을 타고 캄캄한 공원을 빠져 나왔고 이제는 밤마다 호수 공원을 찾지 않아도 괜찮게 되었다.

어쩌면 숲 속에 솔직한 이야기를 내려두고 싶어서 글을 쓰게 된 것이 아닐까- 들여다보는 때가 있다. 한날한시에 만나지는 못하지만 분명 만나게 되는 대나무 숲 안에서. 조심스레 내려놓은 마음 위로 누군가 가만히 손바닥을 대어 주는 그 '숲'에는, 거슬리는 사람들이 있으면 손봐 주겠다는 유리씨(하재숙 분)도, 언제나 달려와 주는 닥터공도, '행복해져라'라고 진심을 다해 이야기해 주는 아버지(김갑수 분)도 있다. 그분들 사이에서 조금씩 더 많은 속내를 내보이고 오면 겨울에도 싱그러운 봄 같은 은호의 표정을 가질 수 있게 되지 않을까. 나는 많은 시간을 돌아 생각하게 되는 것이다. 이제 비로소 나의 '연애시대'가 시작되었는지도 모른다고.

한지승 연출, 박연선 각본, <연애시대>, 2006

Single Room No.436
일산, 우주 속 먼지

 시험에 합격한 선배들의 싸이월드에는 새로운 폴더가 하나씩 생겨났다. 폴더의 이름은 대체로 비슷했다. ○○기 ○○반 ○조. 체육대회며 수학여행을 함께하는 무리 속에서 내가 아는 이들은 어딘가 앳되고 상기된 얼굴을 하고 있었다. 신림과는 멀리 떨어져있는 일상이었다. 몇 년 후 나에게도 새로운 폴더가 생기던 날. 총 60명의 반 사람들과 여자 여덟, 남자 열둘로 구성된 조원이 생겼고, 일산 오피스텔에서의 생활이 시작되었다. 2년여의 커리큘럼 안에는 익히 보아온 체육대회나 수학여행이 들어 있었지만 그중 가장 커다란 이벤트는 사진 속에는 없었던, 세 차례의 시험이었다. 870명의 학생들이(로스쿨의 도입으로 우리 기수부터 인원이 감축되었다) 세 번의 시험을 거쳐 1등부터 870등까지 숫자를 부여받는 곳. 그것이 늘 궁금해하던 미지의 폴더, '사법연수원'의 실상이었다.

우리는 정장 차림에 연수생 신분증을 목에 걸고서 기다란 책상에 앉아 시험에 나올 문구에 거듭 밑줄을 그었다. 실무자인 교수님들과의 회식에서는 언제나 소맥을 기본으로 마시고 폭탄사를 외쳐댔지만 회식이 끝나고 돌아가는 곳은 연수원 앞 독서실이었다. 칸막이 자리에 앉아 과제를 하거나 밑줄을 암기하고 밤의 건널목을 건너면 어떤 날은 가슴이 답답하고 어느 날은 그 안이 휑했다. 필요에 의한 등수 매기기 교육에 발을 맞춰온 지는 꽤 되었지만 연수원에서의 한 줄 세우기는 다소 지나친 구석이 있었다. 필요한 암기의 정도는 그 어느 때보다 세부적이었고, 미세한 실수는 순식간에 등수를 불렸다. 하필 우리 기수부터 법관 임용이 불투명해지면서 시작부터 혼란이 가중된 상황이었다. 사진 속 웃는 얼굴들 뒤로 모두의 관심사는 사실 등수에 있었고 성적이 나올 때마다 사람들은 서로를 다른 눈으로 넘겨보았다.

여태 그래 왔듯 그저 상위권을 향한 스텝을 밟아가면 될 일이었는데 이번에는 발이 잘 디뎌지지가 않았다. 누구는 잘하고(잘하는 것 같고) 누구는 못한다(못할 것 같다)는 말이 하루에도 몇 번씩 쏟아지는 곳에서 거름망 위에 남는 것은 아무래도 이곳은 좀 이상한 것 같다는 직감이었다. 그 안에서 희한하게도, 지금 생각하면 부끄러울 만큼 나는 '뒤쳐져 있다'는 관념에 빠져 있었다. 20대 중반부터 5,60대까지 모여있는 연수원 안을 저주처럼 떠다니고 있었던 패배주의적 사고. '고시에 늦게 붙은 사람은 이미 저 뒤에 있고, 일찍 합격한 젊은 애들을 따라잡기는 상당히 어렵다'는 말은 마치 사실인 것처럼 온 교실을 누볐다. 당시 스물 여섯이었던 나는 다른 조에서는 막내가 될 수 있었고 우리 조 막내와는 고작 한 살 차이가 날 뿐이었지만, 1차 시험에 두 번이나 떨어졌던 전력은 패배주의의 이목을 사로잡기에 부족함이 없었다. 이례적으로 우리 조에는 한 학번 차이의 막내들이 일곱이나 되어서 그들의 눌리지 않은 기세를 볼 때마다 나는 그 간극을 거듭 실감하고는 했다. 낙방의 경험이 없는 자들과 나 사이에 놓인 깊은 틈 사이로 자꾸만 무언가 후두둑 떨어졌다.

첫 시험이 가까워 올수록 연수생들은 서로의 사법 시험 등수를 추측하고, 연수원 등수를 예견하기 시작했다. 흡사 경마장의 분위기처럼. 내 어중간한 사시 등수도 기세에 적지 않은 영향을 미쳤겠지만 그 어떤 숫자보다도, 이미 늦어 버렸다고 생각하는 마음이 문제였다. 생각해 보면 연수원에 들어가기 전부터 나는 이미 늦어 버린 사람이었다. 다섯 학기를 휴학하고, 입학한 지 6년이 넘어 학사 과정을 마친 나에게 너는 초등학교를 다니는 거냐? 묻는 목소리가 있었고, 1차 시험에 재차 떨어지자 쪽팔리니까 주변에는 1차를 붙은 것으로 말해 두었다는 이야기가 있었다. 칸막이 책상에 앉아 있을 때마다 법대 나와서 고시에 못 붙으면 그저 패배자처럼 사는 거라는, 그 오랜 저주 같은 말이 언제나 귀에서 반복 재생되고는 했었다. 그런 말이 오가던 집에다 조금 더 늦게 연수원에 가고 싶다는 속내를 내비칠 수는 없었다. 합격했을 때 나는 만으로 스물 넷이었지만 계획보다 늦어진 아이였으므로. 더러 시험을 끝내고 1년 이상 휴식기를 갖는 이들이 있었지만 그건 으레 실패 없이 붙은 자들의 특권처럼 여겨졌다. 우리 조의 막내들이나 전 남자친구 같은 사람들이 가질 수 있는.

4년이 넘는 수험 기간을 지나 바로 복학을 하고, 이듬해 바로 연수원에 들어온 나는 사실 꽤 지쳐 있는 상태였다. 대학생 신분의 나와 연수생이 된 나는 아무런 분절 없이 한 선으로 이어져 있었다. 여전히 지치고 이미 늦은 모습으로. 무엇이 되고 싶기보다 잠시 쉬고 싶었던 나에게 사방에서 몰아치는 경쟁의 광풍은 모든 의욕을 사그라들게 할 뿐이었다. 이 안에 있는 동안 무엇이 되어도 행복해지지 않을 것 같다는, 내 오래된 생각은 점점 그 농도를 더해가고 있었다. 법관은 불투명했고 검찰은 왠지 무서웠으며, 변호사는 내 능력 밖의 일처럼 보였다. 그런 상실된 의욕을 가지고 나는 자꾸만 부정적인 생각에 머물고 연수원 담장 너머의 삶을 바라보았다.

그 무렵, 광풍에 지친 사람들은 조용히 회피의 대상을 찾아들고 있었다. 그들은 만화책에 숨어들거나 당시에 유행하던 〈최고의 사랑〉 같은 드라마에 빠져들면서 은거의 방향을 택했다. 그 속에서 나는 이러다가 변호사가 되면 어떡하나 두려워하면서 칩거의 시간을 보냈다. 집에서 독서실까지 이르는 거리가 점점 늘어나는 듯싶었고 그저 할 수만 있다면 계속 연수생의 시간을 살고 싶었다. 아무것이 되지 않아도 괜찮은 유예의 시간이 내가 있을 곳처럼 느껴졌다. 이제는 유명한 번아웃이라든지 무기력에 대한 언급이 아직 미미한 때였다. 기력과 의욕이 없다는 말이 그저 약한 소리이던 때에 나는 차마 쉬고 싶다는 말을 입에 올리지 못했다.

그 상태로 온전히 쉬지도 경쟁에 사활을 걸지도 못한 채, 나는 출근할 때마다 울타리 너머를 멍하니 바라보고 쉬는 시간이면 링거액을 꽂아넣듯 이어폰으로 음악을 주입했다. 그리고 436호로 돌아와 한참을 누워 있었다. 먼저 일산으로 떠났던 선배들은 가끔 그런 이야길 했다. 일산은 서울에서 별로 멀지도 않은데 거기에 있으면 꼭 다른 나라에 있는 기분이 든다고. 그때는 아- 정말요? 하고 웃었지만. 436호에 누워 있으면 한참 먼 낯설고 어둑한 사방이 내려와 어느덧 갈 곳을 잃은 먼지의 시점이 되어 있었다. 광활하고도 아득한 허공에서 추적추적 독서실로 내려가 공부를 조금 하고 나면 금방 새벽 3시가 넘었다. 30cm 자를 호신용품처럼 손에 쥐고 밤의 건널목을 건너면 문 안에는 다시 검은 우주가 있었다. 번아웃이라는 말이 없던 시기에 내가 우주 속 먼지에게 붙일 수 있는 이름은 '슬럼프' 밖에 없어서, 지친 나는 저조하고 침체된 먼지로 남았다.

나와 달리, 늦었다는 인식이 없거나 이 길을 향한 마음이 가득한 이들과 나는 어떤 경쟁을 하고 있었을까. 맹렬히 달려간 경주마들이 남긴 부연 흙먼지를 바라보면서 과연 이를 경쟁이라 부를 수 있을지, 고개를 저었다. 시간은 쉴 새 없이 흘러 어느덧 마지막 시험이 코앞에 다가왔다. 새벽 3시의 건널목을 4시에 건너고 밤 12시쯤 독서실에서 나누어주는 따뜻한 커피번을 소중히 먹으며 3, 2, 1 카운트 다운의 시간을 지나 보내고. 별도의 식사 시간이나 화장실 타임을 주지 않고 길게는 8시간 동안 치러지는 시험을 보면서(그나마 그 8시간도 한 선배의 사망 사고로 조정된 시간이었다) 나는 대충 뭉쳐온 주먹밥을 욱여넣고 복도를 내달려 화장실을 한 번 다녀왔다. 8시간을 오롯이 시험에만 사용하는 사람들이 있었지만 내게는 그것이 최선이었다.

시험이 시작되면 일제히 펜을 움직이는 소리가 꼭 예순 마리의 말이 달리는 소리처럼 들리던 그 긴 일정이 끝나고 각 직역의 시보 기간이 시작되었다. 로펌과 검찰청, 법원에서 2개월씩 실무 수습을 받는 시간은 연수원의 마지막 일정이었기에 시보 기간이 끝나면 어디로든 갈 곳을 정해야 했다. 그리고 시보 기간의 말미에 다시 우리 기수도 법관 임용이 가능한 것으로 헌법 재판소의 결정이 내려졌다. 모든 시험이 끝난 후에서야. 2개월씩 총 반 년의 시간이 지나 시보 기간이 마무리되었을 때, 예상대로 그 어느 곳으로도 마음이 가지 않았다. 로펌은 역시나 일이 어려워 보였고 늘 지쳐있는 듯한 얼굴들이 눈에 밟혔다. 검찰은 업무 외에도 신경 써야 할 관계가 많아 보였고 무엇보다 피의자들을 상대하는 내내 미간처럼 마음 한 구석이 파여갈 것 같았다. 마지막으로 법원은 판단에 대한 부담이 과중해 보였고 앞의 두 곳에 비해 묘하게 경직된 분위기가 느껴졌다. 그중에서 그나마 법원이 괜찮은 듯 보였던 모먼트는 매일 과일이나 빵 같은 간식이 제공되는 오후였는데 과연 간식의 유무로 직역을 택하는 일이 옳은가 생각해 보면 고민은 다시 원점으로 돌아왔다.

마지막 시험에서도 나는 기세 좋게 달려 나가지 못해서 또 다시 애매한 성적으로 그렇게도 두려워하던 변호사가 되었다. 실로 어려운 일들 틈에서 늘 지쳐 있는 얼굴이 되어가는 동안 자주 같은 생각에 머물렀다. 변호사가 되지 않았으면 좋았을 텐데. 수없이 먼지의 시간을 책망했다. 그렇지만 번아웃 상태에서 더 좋은 성적을 받는 것도, 홀가분히 1년을 쉬는 것도 내게는 가능이 아닌 가정의 영역이었으므로(그리고 그런 식의 가정이 가능하다면 나는 더 앞선 과거로 돌아가 법이 아닌 다른 전공을 택하였을 것이므로). 지금 시점에서 내가 할 수 있는 것은 더 이상 스스로를 한심스러워하지 않고 미워하지 않는 일뿐이었다. 이 안에서 무엇이 되어도 행복하지 않으리라는 예감은 오래전부터 내 주위를 맴돌았고. 그 무엇일지라도 벗어나는 결론은 다르지 않았을 테니.

제멋대로 쫓아오는 무언가
… 『홀리가든』

여름이 지나고 가을이 오면 에쿠니 가오리의 소설 『홀리가든』을 펼쳤다. 선선해진 공기 너머로, 5년 동안 헤어진 남자를 잊지 못하는 가호와 그런 친구를 이해하지 못하는 (겉으로만) 쿨한 시즈에의 일상이 불어왔다. 헤어지고 1, 2년 정도 되었을 때에는 그저 애독자로서 가호의 이야기를 받아들였지만 3년 즈음부터였을까 문득 가호의 이야기가 내 이야기가 될 수도 있겠다는 예감이 들었다.

그 사이 나는 학교를 졸업하고 연수원 생활에 적응하고 있었다. 연수원에서 미혼인 사람들은 대부분 20대 중

후반이거나 30대 초중반이었지만 우리는 불시에, 결혼 적령기에 임박한 사람들처럼 여겨졌다. 특히 여자 연수생들에게는 이제 외부에서 결혼 상대를 찾기는 어려울 테니 어떻게든 이 안에서 배우자 감을 구해 보라는 이야기가 심심치 않게 전해졌다. 똑같은 시험에 응시했는데도 그 관문을 통과한 남성은 환영받고 여성은 마냥 그렇지는 못하리라는 속설이 연수원에서도 정설임을 확인하는 동안 집에서도 연애에 대한 이야기가 흘러나왔다. 시험에 붙기 전까지는 절대 안 된다던 그 연애를 이제 좀 어서 해야 하지 않겠냐며.

갑자기 연애 상대를 구해 오라고 한들 그게 간단히 될 리가 없었다. 여성 예비 법조인은 좀 부담스럽다는 반응을 이후에도 여러 번 저주처럼 접하는 동안, 남성 예비 법조인들은 소개팅에서 누구를 만났고 결국 누구랑 사귄다는 핫 이슈의 중심이 되어 갔다. 누군가는 여유롭고 누군가는 초조해하는 상황 속에서 한 살 어린 동생들이 이러다가는 결정사(결혼정보회사)라도 가야겠어요- 하며 푸념을 보이는 때에, 거기 가봤자 그냥 쟤들 만나는 거라고 우스갯소리를 늘어놓기도 했지만 그러는 사이 차곡차곡

쌓이는 것이 있었다.

그것은 순수한 사랑에 대한 회의였다. 같이 지내다 보니 다정한 목소리가, 비슷한 개그 코드와 겹치는 취향이 마음에 들어서 누군가를 좋아하게 되는 그런 자연스러운 만남은 대학을 졸업하고 난 순간부터 더 이상 추구할 수 없는 이상이 된 것만 같았다. 연수원 수첩에 적힌 주소와 사진을 보고 사람들은 누가 잘 살고 누가 괜찮은 것 같다는 이야기를 아무렇지 않게 읊어댔지만 중요한 건 수첩 안에 들어있지 않았다.

내가 즐겨 먹는 아이스크림 맛을 기억해 주고 좋아하는 영화를 함께 기다려 주는 사람은 정말 대학을 졸업하기 전까지만 있었던 걸까. 에이 아니겠지- 에 머물렀던 마음은 점점 진짜 그런가보다- 로 기울었고, 무게 중심이 바뀌자 수면 아래 잠겨 있던 사람이 다시 떠오르기 시작했다. 나에게 시간과 마음을 아낌없이 내어 주었던 그때의 사람이. 그는 하필 일산에 있었고 이제는 연수원 초년생인 나에게 이따금 본인의 경험과 노하우를 전수해 주는 사람이 되었다. 그는 이별 당시 고시생이었던 나에 대한 일종의 부채감으로 무언가를 알려 주려 했던 것인지도 모르겠지만, 나에게는 그것조차 내 주변에 없는 순수한 호의처럼 느껴졌다.

그러나 내가 초콜릿을 전하러 갔을 때 다소 곤란해하는 그의 표정에서, 주말에는 만나기가 어렵겠다는 문자에서 호의와 애정 사이에는 건너지 못할 강이 있음을 알게 되었다. 언제든 만날 수 있다던 환한 얼굴의 사람은 여전히 그 강물 아래에 있다는 것을. 멍하니 그 강을 보고 있으면 내 안에는 두 개의 목소리가 일었다. 저 사람이 영영 없어진 것은 아니라는 가호의 목소리와 그게 대체 무슨 의미가 있냐며 스스로를 한심하게 여기는 시즈에의 목소리가. 그 모든 목소리에 고개를 끄덕이면서 집에 돌아가면, 구석에 올려둔 비스킷 깡통를 열어 동이 틀 때까지 의자에 앉아 있는 가호처럼. 불투명한 수심을 한없이 바라보는 밤이 있었다.

웃음 가득한 5년 전 사진들로 채워진 가호의 비스킷 깡통처럼, 바닥이 들여다보이지 않는 강물 속에는 작고 소중한 것들이 있었다. 동기들과 에버랜드에 놀러갔을 때

케첩을 입에 대고 먹는 내가 신기하다며 그가 주머니에 넣어온 케첩 한 봉, 지우개에 조각한 너구리 스탬프, 비싼 완제품 대신 바느질 키트로 사서 만들어 준 테디 베어 인형. 그리고 그 옆에는 고시생 신분으로 어떻게 감히 연애를 할 수 있냐며 헤어짐을 종용하는 목소리와 미안한 표정으로 멀찍이 떨어져서 걷던 집 앞 풍경이 일렁일렁 비쳤다. 역시 우려했던 대로 너만 떨어지지 않았냐는 말들도. 모두 그 안에 한데 있었다.

그런 밤이 지나고, 야속함과 그리움으로 채워진 시야는 너무도 뿌옇고 흐늘대는 것이어서 마두와 정발산 사이를 나는 자주 휘청였다. 일산은 춥고 거리는 직선으로 반듯해서 걸음을 옮길 때마다 나의 강둑에서 점점 멀어지는 기분이 들었다. '네가 좋아'로 충분하던 시공간에서, 두 어절 사이에 많은 이유가 필요해진 세계로. 흡사 신용카드처럼 연수생 신분의 혜택과 이용 한도가 어디까지인지 계속 확인해 보려 하는 사람들 틈바구니로. 나는 비틀비틀 걸었다. '고독이 옷을 입고 걷는 듯한' 가호의 걸음으로.

그 사람이라면 다시 나를 골목과 언덕이 촘촘한 구도시로 데려다 줄 수 있을 것 같았지만 그는 이제 애써 굽은 길로 접어들지 않는 신도시의 사람이었다. 신도시에서 옛 동네로 향하는 로터리를 자꾸만 빙빙 도는 나에게 시즈에는 '언제까지 과거 속에서만 살 거냐고' 못마땅한 속내를 내비쳤지만 그런 때에도 가호는 나를 대신하여 대답해 주었다. '내가 과거를 사는 게 아니고 과거가 제멋대로 쫓아오는 것이라고'. 강물이 일고 한기가 거리를 메우는 새로운 동네에 나는 끝내 마음을 붙이지 못했지만. 다만 그 옆에는 나를 염려하는 시즈에와 온전히 이해해 주는 가호, 두 사람이 있었다.

다크서클을 가리기에
좋은 가호의 안경

에쿠니 가오리, 『홀리 가든』, 김난주 옮김, (주)태일소담출판사, 2007

오래전 입력된 낭만 (feat. 기차 여행)
…『청춘의 문장들』

   기차 여행의 처음을 기억한다. 첫 기차 여행을 앞둔 들뜬 분주함을. '93 대전 엑스포(이건 두 번째였다) 이전의 언젠가에 할배와 할머니, 그리고 우리 남매는 처음으로 넷이서 기차 여행을 떠났다. KTX나 SRT가 아닌 새마을, 무궁화, 비둘기 호가 있는 때에 마산까지 가는 기차 여행은 제법 긴 여정을 의미했다. 그 첫 기차 여행을 앞둔 꼬맹이들에게 할배와 할머니는 기차 여행의 낭만과 재미를 틈틈이 일러 주었다. 칙칙폭폭 칙칙폭폭 하모 창밖으로 풍경이 짜다라 지나가고 기차 안에서 밥도 먹고 간식도 먹고- 할 수 있다는 이야기에 우리는 언제나 작은 발을 들썩였다.

    아마도 그때 할배는 매번 재미난 기세로 우리에게 들려 주었던 에피소드를 처음으로 꼬맹이들에게 소개했을 것이다. 청년이었던 할배가 기차 식당칸에서 난생 처음 포크 커틀렛을 마주하는 이야기였다. 포크와 나이프를 처음 받아들고 이걸 어떻게 해야 하나 난감해하다가. 나이프를 들어 고기 위로 왔다 갔다 해보니 고기가 썰리지는 않고 나이프를 따라 같이 흔들흔들하더라고. 이 대목에서 할배는 고기가 흔들흔들하던 모습과 본인의 난처한 표정을 충분히 재연해 보이는 것을 즐겼다. 한참 씨름을 하고 있으이 웨이타가 와가꼬 호-크로 마 고기를 몬 움직이게 이래 딱 잡고 나이후로 이래이래 하이 그기 마 썰리는 기라 와… 로 마무리되는 긴 이야기에 우리는 같이 난감한 표정을 짓다가 키득키득 고개를 흔들었다. 정작 마산으로 가는 기차 여행이 어떠했는지는 모든 것이 희미하지만 (동생이 잠드는 바람에 할배랑 둘이서 식당칸에 갔던가…) 또렷이 남아 있는 것이 한 가지 있었다. 그것은 무척 신나는 일을 앞둔 기대감. 어른들이 아이에게 심어준 소중한 감각이었다.

작은 것에도 어머 이것 좀 봐라 세상에- 하고 쉽게 감탄하던 할머니와 이거 아주 신나는데- 하면서 허허 웃곤 하던 할배 덕분에 유년기의 일상은 차곡차곡 기대와 흥분으로 채워져 갔다. 스파게티와 어린이 메뉴가 있는 경양식 집이라든가 비스듬히 웨하스를 꽂은 아이스크림 파르페, 동전을 넣어 망원경 안으로 들여다보던 애니메이션(백화점 1층에 있었다), 혹은 서울대공원 코끼리열차, 자연농원 지구마을(1996년 봄에 자연농원은 에버랜드가 되었고, 지구마을은 2015년 가을에 폐장되었다), 한강 시민공원, 그리고 기차 여행 같은 것. 그때도 뛸 듯이 좋아했지만 여전히 생각만으로 설렘이 솟아나는 대상들이다. 아주 오래전에 입력된 감정처럼. 어른이 되고서도 한껏 기분을 끌어올리고 싶을 때면 결국 오랜 설렘 곁을 찾아가곤 했다. 할배와 할머니의 감탄과 웃음이 깃든 곳에서 여전히 동동 발을 구르는 것이다. 크으 진짜 신나는데? 하고 마음속으로 혼자 좋아하면서. 할머니도 할배도 신나지? 생각하면서. 그런 마음으로 기차 여행에 철떡 철떡하는 어른이 되어 버렸다.

동생이 만으로 스무살이던 해에 우리는 둘이서 유럽 여행을 떠나 5개국(독일, 체코, 오스트리아, 이탈리아, 프랑스였다) 13개 도시 안을 기차로 이동했다. 2차 시험을 끝낸 여름이었다. 많게는 대여섯 시간까지 소요되는 기차 여행에서 우리는 언제나 야무지게 양손 가득 먹거리를 사 들고 기차에 올랐다. 흔들리는 기차 안에서 펼쳐 놓는 음식은 왜 항상 입에 감겨드는 것인지. 이탈리아에서는 큼지막한 피자 두 조각을 사 들고, 오스트리아에서는 해산물 패스트푸드점인 NORDSEE에서 휘시 버거 세트 봉지를 소중히 안아 들었다. 익숙한 버거킹과 KFC 조차 한국에서와 미묘하게 다른 맛을 즐기고, 긴 시간 콜라를 비우며 근사한 산세와 들판, 호수의 풍경을 담았다.

  여행 동안 서로 쌓인 감정이 분출되고 다시 가라앉는 것 역시 기차 안에서였고 어, 그래 미안해- 사과를 주고 받은 후에는 낯선 도시를 둘이서 터덜터덜 걸었다. 언제나 건드려지는 것은 각자의 불안이었다. 아직 사법 시험 결과를 모르는 나와 다시 연극 영화과 입시를 치르려는 동생. 툭하면 밖으로 비어져 나오는 우리의 불안은 사소한 말 한 마디에 툭- 하고 채여 도끼눈을 뜨곤 했다. 기차 안을 매섭게 비집는 불안의 언어가 금세 우리를 저 먼 현실로 데려가고, 다시 창밖의 풍경이 우리의 눈을 붙드는 일이 반복되었다. 한시적일지라도 너희의 현실은 지금 이곳이라는 듯이. 이윽고 프라하로 이동하는 기차 안에는 식당칸이 있었고 짐을 챙기는 동생을 대신하여 내가 먼저 자리를 잡고 메뉴를 주문하게 되었다. 지금처럼 동생의 식성을 세세히 알고 있지 않은 때에 고심한 토마토 소스 펜네와 굴라쉬 모두 동생이 좋아하는 맛이어서 신기한 우연이라 기뻐하면서 우리는, 혼자 떨리는 마음으로 포크커틀렛을 상대했을 할배를 그리며. 묵묵히 포크와 스푼을 움직였다. 할배 없이 보내는 두 번째 여름이 지나가고 있었다.

그리고 반 년쯤 지나 연수원 입소를 한 달 정도 앞둔 겨울에, 우리는 엄마와 도쿄 우에노에서 밤새 홋카이도로 달려가는 침대 특급 '호쿠토세이'(북두성)에 탑승했다(호쿠토세이는 2015. 3. 에 운행이 종료되었다). 이번에는 저녁 7시 3분에 출발하여 다음날 오전 11시 15분에 도착하

는, 장장 열 여섯 시간의 실로 긴 여정이었다. 북두성 안에 셋이 쓸 수 있는 객실은 없었기에 엄마와 동생에게 디럭스 더블룸을 주고 나는 싱글룸을 예약했다. 저만치에 기댈 곳을 두고 혼자 침대 열차의 낭만을 누리려는 심산이었다. 호쿠토세이에도 멋진 식당칸이 있다는 말에 탑승 3일 전, JR 안내소에 가서 열심히 쇼쿠도(식당)와 쇼쿠지 요야쿠(식사 예약)를 반복하였으나 무슨 말인지 모르겠다는 반응에 엉거주춤 발길을 돌렸다. 그리고 다음날 다른 안내소를 찾아가자 이제 말은 통하는데 '탑승 3일 전 예약' 기한이 지났다고 대번에 거절을 당했다. 일본 가이세키 요리와 프렌치 코스 요리 사이에서 수없이 오가던 그간의 고민이 무색하게 우리는 역 근처에서 규동을 사먹고 기차에 올랐다. 다음날 아침에 먹을 도시락과 간식 거리를 사 들고서.

 굴곡진 커다란 창문이 나 있는 싱글룸에 들어가 짐을 풀고, 혼자 쓰기에 넉넉한 테이블 위에 에비수 캔맥주와 (나름 도쿄를 떠나는 의미를 담았다) 자가비 감자칩을 올려 두었다. 밤의 열차에서 읽을 『청춘의 문장들』과 함께. 감자칩을 금방 다 먹고 술이 남아 과자 한 통을 더 뜯는 동안 창밖으로 이름을 알 수 없는 작은 역이 끊임없이 지나갔다. 기차가 이름 모를 작은 곳에 잠시 정차할 때마다 창문을 사이에 두고 낯선 사람들과 눈이 마주쳤다. 그 순간이 영 어색하면서도 싫지 않았다. 두꺼운 겨울 잠옷을 입은 나와 말끔한 교복 혹은 정장 차림의 사람들은 서로를 다른 별에서 온 외계인처럼 멍하니 바라보았다. 손을 흔들어야 할까 잠시 생각하는 동안 다시 북두성은 천천히 북으로 움직였다. 잠시 후 똑똑- 노크 소리가 난 곳에는 서로 닮은, 익숙한 얼굴들이 서 있었다. 기차가 흔들려서 세수할 때 누가 잡아줘야 되겠더라고-. 그래서 우리가 왔다는 엄마와 동생 말대로 세면대에서 눈을 감고 허리 숙여 손을 내밀면 생각보다 몸이 휘청였다. 뒤에서 허리를 꼬옥 감싸 안은 엄마의 두 팔에 기대어 얼굴을 씻고 앞장선 두 명의 뒤를 따라 더블룸을 구경했다. 동생이 쓰는 2층 침대 머리맡에는 자그만 창문이 나 있었다. 손바닥만 한 커튼을 달고 있는 흰 네모칸이 바깥의 한기를 맞으며 조용히 흔들리고 있었다.

홀로 싱글룸으로 돌아와, 더 이상 작은 역에 서지 않고 가로등 불빛도 희미해지는 까만 창문을 보면서 아직 연수원에 가고 싶지 않다는 마음을 적어 두었던 것도 같다. 그리고 펼친 『청춘의 문장들』 속에서 작가님은 딸 열무를 자전거 앞, 아이용 의자에 태우고 아이에게 바람의 기억을 심어 주고 있었다. 어릴 때 아버지의 자전거 앞에서 느꼈던 감촉을 기억하면서. 덜컹이는 익숙한 진동 안에서 나 역시 내게 심어진 감각을 바라보고 있었다. 앞뒤로 흔들리며 두 발을 들썩이는 낯익은 동요를. 자리에 놓여 있던 유카타를 덧입고 베개 위에 머리를 대고 눕자 동요 속에서 살살- 세상이 흔들렸다. 마치 요람에 누운 것처럼. 조심조심 움직이는 손길 안에서 눈을 감았던 것처럼 스르르 잠이 들었다. 오래전 입력된 낭만의 품 안에서.

자다가 눈을 떴을 때, 창밖은 정말 '국경의 긴 터널을 빠져나오자, 설국이었다'(가와바타 야스나리, 『설국』). 기차는 밤새 설국으로 우리를 데려온 것이었다. 처음보는 눈의 세상에 일어나자마자 창문에 얼굴을 붙이고 숨을 몰아쉬었다. 설국은 눈의 두께로 가득한 곳이었다. 뾰족한 나무들은 가지마다 도톰한 눈더미를 이고서 고고히 눈앞을 지나쳐 갔다. 차내에 긴 안내 방송이 나오고 잠시 기차가 멈출 때마다 나는 정확한 뜻도 모르면서 무슨 이상이 생겨서 여기서 내려야 하는 것은 아닌지, 방문을 열고 기차 문밖으로 두리번두리번 얼굴을 내밀었다. 차가운 공기가 화악- 코끝을 휘감고. 여기서 내리면 안 되는데 한편으론, 낯선 설국의 풍경에 불시착하는 충동이 일었다. 한 발자국만 밖으로 내딛어 맨몸으로 설국에 내린다면 나는. 이대로 기차에 실려 예정된 목적지에 닿으면 왠지 그곳이 더 위험할 것 같은 근거 없는 불안이 일었다. 일정대로 며칠 뒤에 한국으로 돌아가 연수원에 들어가면, 나는 하얀 세상을 지나 다시 경쟁의 늪으로 빠져들 텐데. 불안과 충동의 높이를 헤아리며 발을 떼지 못하는 동안 북두성은 다시 서서히 나아갔다. 정해진 목적지를 향해. 위로 계속 위로.

 방으로 돌아와 다시 눈을 감았다가, 더블룸에 가서 간밤의 안부와 설국에 대한 감상을 나누었다. 어제 사둔 도시락과 녹차를 나누어 먹으면서. 밤사이 기차 안에서 푹 자면서 도쿄 여행의 피로를 푼 것 같다는 엄마의 얼굴은 할배를 닮아 있었다. 어릴 때는 자꾸만 툭탁거리는 할배와 할머니, 엄마가 서로 어떤 관계에 있는지 도통 알쏭달쏭하다가 할배와 할머니가 서로 부부고, 엄마가 그분들의 딸이라는 사실에 몹시 놀란 적이 있었는데. 이제 이렇게 보면 엄마의 얼굴에 할배와 할머니의 얼굴이 다 있었다. 특히 조금 지친 기색으로 먼 곳을 응시하는 엄마의 표정은 언제나 무척 할배스러웠다. 우리가 셋이었다가, 그 이상이 되는 동안 네모진 창문으로 끝없이 흰 세상이 지나갔다. 전날 밤 눈이 내려, 나를 낳으러 가는 길에도 제법 눈이 쌓여 있었다고 엄마는 이야기하고는 했었다. 발이 미끄러질까봐 할머니와 할배의 부축을 받으며 조심조심 택시를 잡아타고 병원으로 갔었다고. 아마도 그것이 우리가 함께 밟은 첫 눈이었을까. 서로 닮은 얼굴들은 익숙한 표정에 기대어 흰 동요를 가라앉히려 했을까.

 네모 칸 안에서 목적이 있는 이해와 암기를 거듭하던 때에, '글 문文'으로 시작하는 필명을 짓고 망연히 내 안의 북극성을 바라보면서 내내 그런 생각을 했었다. 나의 청춘은 어디로 흘러가는 걸까. 붙잡힌 시공간 속에서 점점 사라지고 있는 나의 청춘은. 그 생각을 하면 미래가 다 무슨 소용인가 싶었다. 이제 와 돌아보면, 청춘은 그 시간들

틈에도 있었고 차창 밖 풍경처럼, '지금 이곳'에 눈길을 붙드는 모든 순간에 있음을 조금은 알 것 같다. 청춘은 자신을 위해 마련된 공간 안에 언제나 이미 들어와 있음을. 불안에 사로잡힌 눈을 거두어 낭만의 품 안으로 향할 때, 현실은 한 장 한 장 낯익은 설렘과 감흥의 기억이 된다는 것을. 신림동에도 낯선 도시에도, 흔들리는 기차 안에도 있었던 청춘을 바라보며 스스로 되뇌는 것이다. 곁에 있는 청춘을 외면하지 않겠다고.

그렇지 않으면 어떻게 되는지도 나는 할배를 통해 배웠으므로. 할배와의 마지막 기차 여행에서 나는 현실 속 불안에 얼굴을 묻고 저 먼 풍광으로 시선을 돌리지 못했다. 그것이 우리의 마지막 기차 여행이 되고, 이듬해 봄에는 더 이상 할배가 없음을 조금도 알지 못하고서. 그저 눈앞에서 일어나는 서로 다른 생각과 관점에만 사로잡혀 다시 없을 우리의 부산행을 청춘의 순간으로 만들지 못했다. 무언가 기분이 상해 부산행 기차에서 할배 옆자리에 동생을 앉히고, 올 때는 내가 앉겠다는 말도 결국 지키지 않고. 할배의 커다란 목소리와 기침 소리를 주변에 민망해하면서, 여행을 대하는 할배의 들뜸에 다가가지 못했다. 할배가 내게도 들릴 만큼 큰 소리로 이야기하지 않도록 가만히 곁에서 손을 잡아 드렸더라면. 나는 그날을 평생 후회하지 않을 수 있었을 텐데. 아마도 기차 여행에서 연결되었을 포크 커틀렛 이야기가 다시 한결같은 길이와 기세로 시작되었을 때에도 나는 그것을 평소처럼 대하지 못하고, 이미 다 아는 이야기라고 성급한 알은체를 하면서 얼른 그 순간을 지나 보냈다. 이제 가장 듣고 싶은 이야기가 그 에피소드가 될 줄을 모르고. 돌아오는 서울행 기차에서 우리 열차가 대전에 다다랐을 때, 갑자기 여기서 내려 국수 한 그릇만 먹고 갈까- 하는 할배의 말에 이대로 서울까지 가야지 무슨 말이냐며 얼굴을 굳힌 나는 예정된 시각에 서울에 도착했지만. 한참이 지나서야 할배가 불쑥 꺼낸 그 말이, 식당칸도 없이 쏜살같이 달려가는 KTX에서, 이토록 별로인 여행일지라도 그 끝을 아쉬워하는 마음이었음을. 너무 늦게서야 알게 되었다.

이후 『청춘의 문장들』 속에 등장하는 겨울의 서귀포, 봄의 통영, 여름의 경주를 차례차례 지날 때마다 밤의 열차에서 읽었던 문장들을, 그 밤의 차창을 떠올리게 되었다. 고요히 덜컹이는 기차 안에서 아름다운 문장들을 하나하나 짚어가던 청춘의 순간을. 그리고 그렇지 못했던 우리의 마지막 부산행을, 스스로 외면한 낭만이 생에 드리우는 긴 그림자를 무연히 바라보게 되었다. '내가 바다를 건너는 수고를 한 번만 했다면 그건 아버지가 이미 바다를 건너왔기 때문'이라는 청춘의 문장처럼. 굴곡진 역사의 창에서도 흥취와 신명을 꼭꼭 바라보며 그 소중한 감각을 물려준 할배와 할머니 덕분에 나는 곧잘 들뜨고 여전히 낭만에 기댈 수 있음을. 그리하여 불안에 압도당하지 않을 수 있음을. 늘 감각하려 한다. 할배가 즐겨 사용하던 표현인 '태곳적'부터 이어져 내려왔을 내 청춘의 근간을 어떤 순간에도 꼭꼭 놓치지 않겠다고 되뇌며. 오래전 입력된 낭만의 품으로 흔들흔들 머리를 누인다.

김연수, 『청춘의 문장들』, 마음산책, 2004

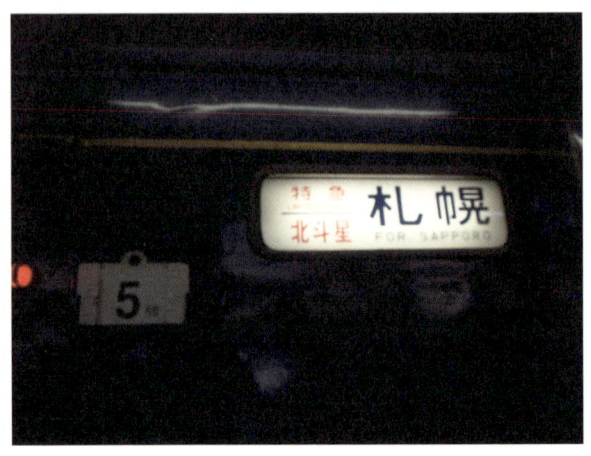

싱글룸 굴곡진 창문

디럭스 더블룸
2층 침대 창문

하늘 높이 오르는 100%의 공처럼
… 〈수박〉

    네가 무언가를 하면 그때 너를 사랑해줄게. 언제나 조건만 충족하면 되는 거라고 상대를 부추기는 조건부 사랑은 열 번 중에 한 번만 조건을 이탈해도 100%의 충족이 요원해지는 한계를 품고 있었다. 그러면 사랑을 받지 못하는 결과는 온전히 조건을 성취하지 못한 쪽의 책임이 된다는 점에서 조건부 사랑은 잔인하고 소모적인 구석이 있었다. 무엇보다 조건을 이행하지 않았으니 나는 사랑받지 못하는 것이 당연하다고, 자인하게 되는 측면에서 다분히 자기 파괴적인 속성마저 지니고 있었다.

군대에서 처음으로 인정받는 경험을 한, 아홉 형제 중에 여섯째이자 셋째 아들이었던 남자는 그곳의 시스템이 퍽 마음에 들었다. 미션을 수행한 자에게는 상을, 그렇지 못한 자에게는 벌을 주는 그곳의 통솔 체계가 남자에게는 무척 심플하고 유용하게 느껴졌다. 그래서 이를 본인이 이룩한 가정에도 그대로 들여오기로 했다. 아무런 의심과 주저 없이. 가족 구성원 모두에게는 '각자 성실히 본분을 다해야 하는' 조건이 주어졌고 그에 따른 확실한 상벌 제도가 적용되었다. 그가 생각하는 스스로의 본분은 월급으로 가족을 먹여 살리는 것이었기에 가족 중에서 조건을 충족하는 사람은 언제나 스스로가 유일했다. 자녀 양육이나 가사, 학업 성취와 복종은 모두 100% 충족이 어려운 조건들이었으므로. 본분을 다하지도 못하면서 그저 본인이 벌어온 돈을 쓰기만 하는 가족들은 아주 심플하게 늘 조건 미달자가 되었다.

이 시스템 안에서 조건을 충족하고 상을 받을 수 있는 가능성은 필연적으로 희박했기에. 가족들은 그에게 애정을 구하는 대신 질책의 강도나 빈도가 줄어들기를 희망했다. 그 결과 그에게 가까이 다가가기보다 조금씩 일정한 거리를 유지했다. 그러나 미달된 조건은 먼발치에서도 감지되는 것이어서 그 거슬림을 지적하며 대화는 시작되곤 했다. 듣는 이에게는 심문 혹은 설교에 가까운 그의 대화는 결국 두 문장으로 수렴되었다. 너희가 얼마나 한심하게 살고 있는지, 그리고 그에 반해 나는 얼마나 열심히 제대로 살고 있는지. 대화의 종결은 언제나 동일했다. 그러니 제군들이여, 각자 맡은 바 역할에 충실히 임하도록.

반복은 모두에게 세뇌 기능이 있어서 그는 점점 스스로의 우월성과 제군들의 하등함을 당연한 것으로 간주했고, 제군들은 각자의 미달이 모든 문제의 근원인 것처럼 그의 말을 흡수해 갔다. 그렇게 1인의 우월감이 수인의 우울감을 빚어내는 동안, 한 가지 쉽게 간과된 것이 있었다면 그런 와중에도 계속 조건을 성취하려 애쓰는 마음들이 있다는 것이었다. 비록 그 정도가 50%든 78%든 간에 100%에 미달하는 결과는 동일했을지라도 그 안에는 점진적 성장과 스스로 독려하는 희망 같은 것들이 있었다. 그때 우리가 100%의 조건 성취는 결코 닿을 수 없는 사다리라는 사실을 알았다면, 그래서 매번 실망하는 중대장을 만족시키려는 데에 자책과 반성의 에너지를 소모하지 않앉더라면 우리는 많은 시간을 돌아오지 않아도 되었겠지만.

 애쓰는 마음들 속에는 예외가 없어서, 나는 조건부 사랑의 덫 안에서 100% 충족을 향해 있는 힘껏 몸을 잡아당기고 있었다. 주어진 덫에서 겨우 탈출하면 곧이어 새로운 덫이 주어지는 줄도 모르고 사력을 다해 시험을 보고 경쟁을 맞이했다. 그러다 상장을 타오거나 1등이라는 숫자를 받게 되어도 남자는 '아직은 모른다'는 태도를 유지했다. 100%의 충족은 언제고 다시 미달이 될 수 있는 것이었으므로. 사랑을 기다리는 두 눈동자에 대고 그는 이야기했다. 그러니까 자만하지 말고 안주하지 말라고. 간혹 학교에는, 너는 계속 잘해왔으니까 지금처럼만 하면 잘 될거야- 이야기해 주시는 선생님들이 있었지만 남자는 결코 그런 말을 입에 올리는 법이 없었다.

 그 대신 남자는 본인이 살아온 것처럼 오기가 인생의 가장 큰 동력이 되리라 굳게 믿었다. 그래서 제군들을 격려하거나 칭찬하기보다 언제나 내리누르는 말로 자존심을 건드렸다. 기분이 상했다면 그 반발심으로 어디 한 번

내 말을 뒤집어 보라고. 오기는 실로 효과가 있어서 니가 체육을 100점 맞는 일이 있겠냐는 말이 씨가 되기도 하고 (구기 종목 실기가 없는 학기였다), 괜히 돈만 낭비하는 거 아니냐던 논술 경시대회에서 상을 타오기도 했지만. 체육시간에 배구공을 하늘 위로 높이 띄우는 토스 연습을 하다가 문득 스치는 생각이 있었다. 어떤 공도, 하물며 작은 탱탱볼마저도 힘껏 바닥에 내리꽂은 다음 튀어오르게 하는 것보다 그저 높이 띄워 올리는 것이 훨씬 높은 곳까지 닿을 수 있다는 것을. 이 치열한 세상에서 자만을 갖기란 쉬운 일이 아니며 두 팔을 뻗은 누군가의 북돋움으로 배구공은 겨우 자신을 갖게 될 뿐임을. 젖힌 두 눈으로 하염없이 바라보았다. 손끝에서 높이 높이 솟아오르는 동그란 배구공을. 나는 내 인생이 긴장감 넘치는 서스펜스물이 아닌 잔잔한 성장 영화이기를 언제나 바라왔다.

비슷한 시기에 이번에는 지각이 아닌 감각의 영역을 뒤흔드는, 날아오는 공 같은 깨우침이 찾아왔다. 그때의 나는 막연히, 주변 친구들도 나와 비슷한 처지에 있으리라는 생각을 하고 있었다. 그런 짐작이 들면 주위에서 해맑게 웃고 있는 아이들이 집에서 어떤 말들을 듣고 있을

지 덜컥 걱정이 되었다. 나보다 성적이 낮은 아이들은 분명 더 심한 처우를 받고 있을 텐데. 그런데도 저렇게 밝을 수 있다니. 슬픈 예측이 이어지던 중에, '우리 집에서는 나를 공주라고 부른다'는 친구의 말에 무언가 산산이 깨어지는 소리를 들었다. 파편에 맞은 것은 나였고 무엇을 잘하든 그렇지 않든 집에서 사랑받는 친구들의 모습이 그제서야 눈에 들어왔다. 대학에 가면 아빠랑 단둘이 여행을 가고 싶다는 친구, 딸이 사귀는 남자 친구에게 관심을 보이는 아버지의 이야기들이 아무렇지 않게 주변을 둥둥 떠다니고 있었다. 그들을 염려하던 나는 그저 조건 없는 사랑을 모르는 아이에 지나지 않았다.

시간이 흘러 사회인이 되었을 때 회사 안팎에서 만나는 어른들은 언제나 '잘하는 것'을 강조했고, 그것은 동시에 '그런데 아직은 한참 부족함'을 암시하는 것이기도 했다. 격려는 으름장처럼 주어졌고('꼭 잘해야 한다') 위로는 옐로카드*yellow card*처럼 내려왔다('이번만 봐주는 거야'). 그 속에서 어쏘들은(저년차 변호사, Associate

Lawyer) 서로의 굽은 어깨를 바라보며 나만 이런 처지에 있는 것이 아님을 확인하고 안도했다. 어떤 상황에서도 내가 잘하고 있다는 안정감을 갖지 못하는 기분, 한 번의 실수가 큰 실망을 불러오는 긴장감 속에서 한편으로 나는 익숙함을 바라보고 있었다. 마주하는 으름장과 경고는 사람마다 그 방식이나 정도가 달랐지만 어떤 사람을 만나더라도 남자만큼 매섭지는 않았다. 하루하루 밥값을 해내야 하고 상벌로 근로 의욕을 고취하는 그 기시감 속에서 나는 지금까지 집에서도 직원의 마음으로 지내왔음을 통감했다.

둥그런 수박이 공처럼 굴러가다 하늘 높이 둥둥 떠오르는 장면으로 시작하는 일드 〈수박〉에는 직원의 마음을 지그시 건드리는 대목이 있었다. 신용 금고에 다니는 서른네 살의 하야카와는 친한 동기였던 바바짱의 횡령 사건을 계기로 본가에서 나와 독립을 하게 되고, 그녀의 소식을 들은 부장은 어수선한 상황에서 마음을 써줄 겸 이사 선물을 해주겠다고 말한다. 무엇이든 괜찮으니 필요한 것을 생각해 보라는 부장의 말에 한참을 고민하던 하야카와는 며칠 후, 부장에게 종이 한 장을 내민다. 다른 이사 선물보다 칭찬의 말을 듣고 싶어서 종이에 문장을 몇 개 적어 보았다고. 한 직장에서 14년 동안 근무하고 있는 하야카와에게 종이에 적힌 문장을 읽어준 부장은, 종이를 내려두고 진심으로 칭찬의 마음을 전한다. 언제나 성실하게 일을 해주어서 은행에 큰 도움이 되고 있다고. 정말로 고맙다고. 그리고 이런 이야기를 진작에 바바짱에게도 해주었더라면 좋았을 텐데 이미 늦어 버린 것 같다고 읊조린다.

14년이 넘는 시간 동안 아무리 해도 100% 신용을 쌓을 수 없었던. 언제나 미심쩍은 눈길로 쏘아보다가 자칫 발을 헛디디기라도 할라치면 '니가 그러면 그렇지!' 하고 비난을 쏟아내 온 남자에게. 나는 아직도 시시콜콜 이야기를 늘어놓지 못하고, 스스럼없이 다가서지 못하고, 단둘이 어딘가에 갈 마음을 품지 못하지만. 그러다 가까워 보이는 아빠와 딸을 우연히 마주하면 나도 모르게 한참을 바라보다 고개를 돌리고 말지만. 그런 남자에게 나 역시 종이에 적어서 건네고 싶은, 오래전부터 듣고 싶었던 문장이 있었다. 네가 무언가 해내지 않아도, 너를 사랑해. 우리가 만난 지 14년쯤 되었을 때 이 말을 들었더라면 참으로 좋았겠지만 조건 없는 사랑의 말은 언제든 사람을 둥실 떠오르게 할 것임을. 하늘 높이 나는 배구공과 수박의 어깨에 100%의 확신을 실어 보낸다.

사토 토야 연출, 키자라 이즈미·야마다 아카네 각본, 〈수박〉, 2003

Single Room in BOQ
… 2개월 전주

가을이면 감나무에 불그스름한 감이 매달리고 까치가 털썩 내려앉아 본인 밥을 챙긴다는 사실을 그해, 전주에서 알게 되었다. 쨍한 무더위를 지나 태풍 '볼라벤'이 불어닥치는 8월과 한옥 마을에 정취가 더해지는 9월을 전주에서 보내게 된 덕분이었다. 연수원 2년 차 후반부의 변호사-검사-판사 시보(인턴) 과정 중에는 꼭 한 번 수도권이 아닌 다른 지역에서 근무를 해야 한다는 원칙이 있었다. 개인적으로는 연고가 있는 지역이 딱히 없었던지라 일단은 팔도를 자유로이 가늠해 보기로 했다. 서울에서 너무 멀지 않으면서, 너무 인기 있는 곳도 아니면서(이를테면 제주도나 강원도 같은), 전반적으로 음식이 맛있는 곳을 생각하다가 특히 마지막 요건에 치중한 결과 1지망은 전주가 되었다. 그렇게 늦여름에서 초가을 사이, 전주 지검(전주 지방 검찰청)에서의 시보 생활이 시작된 것이었다.

그곳이 어디든 2개월만 지낼 숙소를 알아보기는 쉽지 않아서 혹시 관사(BOQ)에 남는 방이 있을지 여쭤본(호소해 본) 끝에 검찰청에서 5분 정도 거리에 있는 빌라의 원룸을 하나 받게 되었다. 같은 시기에 전주 지검으로 배치된 시보생들은 나를 포함하여 총 일곱 명이었지만 알고 보니 모두 전주에 본가가 있는 남자들이었다. 그 결과 유일한 무연고자인 막내 시보생은 검찰청에서 같은 질문을 수도 없이 받게 된다. 아니 그러면 시보님은 왜 전주로 왔어요오- 그럴 때마다 배시시 웃으며 나는 같은 답을 되풀이했다. 전주에 맛있는 게 많아서요- 그 말에 사람들은 추가 질문을 하는 대신 알겠다는 표정을 지었고, 감사하게도 내 옆자리의 계장님은 그렇다면 시보님께 줄 것이 있다 하시며 비빔밥, 한정식 카테고리로 구분된 전주 맛집 목록을 바로 프린트해 주시기도 하셨다. (파일로 받았어야 했다…)

검찰청에서의 첫날은 배정된 검사실에 들어오시는 모든 분들과 앗! 앗! 하는 느낌으로 인사를 하고 수많은 어른들 사이에서 지도 검사님을 (나 혼자) 추측하는 것으로 시작되었다(성공하지 못하였다). 보통 방마다 네 분 정도가 계시는 것으로 알고 있었는데 이 방을 오고가는 분들은 왜 이리 많은가- 하고 봤더니 우리 실은 조폭·마약 전담부로 옆방에 수사관 네 분이 더 계시는 구조였다. 옆방 계장님들은 가끔 우리 방 냉장고에 있는 간식을 찾아 오셨는데, 그분들 덕분에 냉장고에는 다양한 종류의 과자가 있다는 소중한 정보를 얻을 수 있었다. 우리가 아는 과자들은 모두 냉장고에 넣어 먹어도 꽤 맛있다는 사실과 함께.

지금의 신청사가 완공(2019)되기 이전의 전주 지검은 제법 오래된 청사였다. 야근을 하고 홀로 남아 있으면 환한 검사실 안은 괜찮아도 돌아가는 복도가 늘 조금 으스스했다. 하필 우리 실은 ㄱ 자로 꺾어진 깊숙한 가로선 쪽에 있어서 복도를 걸을 때마다 영화 <여고괴담>의 그 명장면을 떨쳐 내기가 쉽지 않았다. 청사 정문을 나서면 호젓한 골목들은 으슥해져 있었고, 대로변에서 한 블록 안쪽에 위치한 BOQ에 도착할 때까지 계속 잰 걸음을 유지하게 되었다. 어느 날은 그렇게 늦은 시각이 아니었음에도 대로변에서부터 기척이 있던 아저씨들이 내가 안쪽 골목으로 들어간 후에도 계속 방향이 같아서. 그리고 그 방향이 BOQ 부근까지 이어지는 듯해서 황급히 뒤를 돌아보니, 낯익은 얼굴이 눈에 들어왔다. 다른 실 계장님들 사이에 있는 우리 계장님의 모습이. 귀갓길이 겹치는 세 분께 엉거주춤 인사를 하고 들어와 안도의 한숨을 내쉬면서 나는 그 말에 깊이 공감했다. 범죄자들이나 그를 검거하는 사람들은 모두 비슷하게 험악하다는 말이 그저 우스갯소리에 그치는 것은 아니었다고.

매일 사건 기록을 보고, 공소장을 작성하고 지도 검사님께 검사를 맡는 일상은 그럭저럭 무리 없이 흘러갔다. (시보님 이리 좀 와보세요-가 몇 번 있었지만) 타이밍이 맞으면 따라가게 되는 현장 검증이나 부검 참관 사건도 생겨나지 않았고 다행히 압수 수색 현장에 투입되는 정도로 외근 일정은 마무리되었다. 그러나 문제는 어떻게 해도 피할 도리가 없는 피의자 신문이었다. 검사직무대리(=나)로 모두가 보는 데서 피의자를 신문하는 일은 언제나 얼굴이 벌게지는 고역이었다. 가장 힘들었던 첫 피신이 끝나고 신문의 관건은 카리스마가 아닌 차분함이라는 걸 몸소 느꼈지만 다른 분들의 피신을 옆에서 지켜보고 몇 차례 더 경험한 후에도 크게 달라지는 것은 없었다. 질문할 때마다 나도 모르게 말끝을 길게 늘이며 조금씩 전주 말씨에 익숙해지고 있다는 것 말고는 (전에는 이렇게 말씀하셨잖아요오-). 피신을 반복할수록 (이어지는 문장에 벌써부터 가까운 이들의 눈 흘기는 소리가 들려오지만…) 의외로 의심하고 추궁하는 일이 적성에 맞지 않는다는 생각이 또렷해져 왔다. 철저히 사실을 숨기려 하거나 일반인과 다른 법감정을 가진 이들을 상대로 무언가를 묻고 확인하는 일은 그저 미간을 한없이 움츠리는 일처럼 느껴졌다.

그러고 BOQ의 원룸으로 돌아오면 옆 라인이나 위층 어딘가에 계장님들은 계시겠지만 나는 다시 무연고 지역의 혼자가 되었다. 다행히 방에는 작은 TV가 한 대 있었고 평소에 TV를 잘 켜지 않는 무연고인은 방 안의 모든 스위치를 눌러 공간을 빛과 소리로 채웠다. <로맨스가 필요해 2012> 같은 드라마를 보며 주열매(정유미 분)의 감정으로 기분을 고양시키다가 TV를 끄고, 부엌에 있는 작은 조명을 켜두고도 잠이 오지 않으면 팡! 라스트 팡! 소리가 나는 애니팡을 하염없이 터뜨렸다. 그렇게 평일을 보내고 금요일 근무가 끝나면 미련 없이 전주를 뒤로하고 서울로 향했다. 다시 가족과 친구들이 있는 나의 연고지로. 애니팡이 없는 금요일, 토요일 밤이 지나 일요일 저녁이 오면 고속 버스에 올라 엄마에게 손을 흔들었다. 엄마의 모습이 멀어지고 이윽고 버스가 서울을 벗어나면 점점 흐릿해지는 산의 능선이 콩테로 그린 그림처럼 어둡고 투명해져 있었다. 낯선 공간으로 이어지는 흑백의 선들을 말없이 지켜보다가 정신이 들어 보면 어느덧 골목 안 BOQ 앞이었다. 그러면 다시 의혹과 고양의 세계로 문을 열고 들어가는 수밖에 없었다.

다시 시작되는 근무일마다 고양이 절실해질 때면 나는 전주에 온 근원적인 이유에 충실하고자 했다. 계장님이 주신 리스트를 한 장 한 장 정독하면서. 전주의 명물은 과연 명물대로 맛있었고 그냥 들어간 밥집에서조차 간이 딱 맞는 반찬들이 언제나 촤르르 테이블을 점령했다. 잠시나마 전주에 머물게 된 사람으로서 이름난 비빔밥집과 콩나

물해장국집을 모두 들러보기로 했고 이름만으로 궁금하던 물짜장과 상추튀김의 실체를 접해 보기도 했다. 그 결과 맛집들의 서로 다른 특징을 알게 되었고, 물짜장은 '짜장'이라는 이름이 일종의 트릭일뿐 그 정체성은 해물볶음면과 짬뽕 사이 어느 지점에 있음을, 상추튀김은 상추를 튀긴 것이 아니라 튀김을 상추에 싸먹는 '튀김상추쌈'에 가까운 메뉴임을 알게 되었다. 길을 걷다 문틈으로 새어 나오는 멸치 육수 냄새에 이끌려 단골이 된 국숫집에서는 어느덧 잔치국수를 시키면 비빔국수도 조금 내어주시곤 했고, 호기심 가득했던 전주의 막걸릿집에서는 '주당' 검사님들 덕분에 주전자를 비울 때마다 새로 등장하는 안주를 눈앞에서 계속 직관할 수도 있었다.

이토록 다채로운 전주의 맛을 원 없이 즐기려면 아무래도 운동이 필요할 것 같아서 주변을 탐색해보니 마침 검찰청에서 10분 거리에 '커브스' 전주 지점이 있었다. 일산에서 열심히 오가던 여성 헬스클럽이 근처에 있었다니. 뜻밖의 반가움으로 야근이 없는 날이면 커브스를 찾았다. 전주 클럽에는 다부진 외관의 아저씨 선생님이 있었고 이분의 열정은 외형보다 더욱 다부져서 본인만의 방식으로 회원들을 독려하고 있었다. 그런 선생님의 열정과 회원님들의 기세에 힘입어 순환 운동에 추가 근육 운동을 주 3~4회씩 반복하다 보니 그렇게 잘 먹고 다니는데도 오히려 최저치의 체지방 수치를 마주하게 되기도 했다. 그 덕에 양푼 짜글이에 밥을 한 공기씩 비우고 간간이 전주 초코파이를 아침으로 먹으면서도 부채감 없이 맛의 향연을 누릴 수 있었다.

커브스를 마치면 밖은 밤이 되어 있었고, 어둑해진 거리 위로 두둥실 달이 떠 있었다. 오가는 길 사이에 흐르는 전주천은 적당한 폭과 기다란 천변이 이상하게 처음부터 눈에 익어서, 사평교에서 가만히 천변을 바라보고 있으니 문득 잘츠부르크의 잘자흐 강 풍경이 겹쳐졌다. 첫 소설의 배경으로 삼을 만큼 좋아하는 수변을 운동 후의 개운함으로 맞이하는 기분이란 밤하늘의 저 달빛처럼 충만한 것이었다. 낯선 곳에서 조금씩 마음을 두는 공간들이 늘어가고, 전주의 맛스럽고 멋스런 곳에 데려가 주는 마음들을 차곡차곡 받아가면서 어느덧 전주에서 보내는 주말이 생겨나기 시작했다. 비록 검찰은 희망 직역에서 멀어졌지만 전주는 제2의 고향처럼 가까워져서 변호사가 된 후에도 나는 거의 매해 전주를 찾았다. 커브스 전주 클럽이 사라지고 검찰청이 신청사로 이전한 후에도 전주천이 흐르는 전주는 여전히 호젓했고 이제 이곳은 반가운 지명과 상호로 가득한, 아는 지역이 되어 있었다.

2012년 한반도에 큰 피해를 준 태풍 '볼라벤'과 같은 이름의 태풍이 이 글을 쓰고 있던, 2023년 10월 북상하는 일이 있었다.

생크림과 딸기잼, 초콜릿의 궁합은
가히 환상적이다.
완전 식품을 먹는 기분.

2014. 7. 매년 전주를 찾던 어느 여름

머글과 변호사의 하얀 돌
… 『해리 포터』

　나란히 붙어 있는 초등학교(들어갈 때는 국민학교였다)와 중학교에 다니는 것은 자그마치 9년 동안 부대끼고 얽히는 얼굴들이 있음을 의미했다. 그 안에서 누군가를 괴롭히며 존재감을 확인하는 자들은 고학년이 될수록 가책을 잃었고, 표적이 된 아이들은 그 굴레에서 쉬이 놓여나지 못했다. 지리한 시간 동안 가해와 피해는 한 몸처럼 엉겨붙어 지극히 평범한 매일이 되어 갔다. 그래도, 적어도 초등학교 3학년 때까지는 무법자들에게 니가 한 짓은 아주 말도 안 되는 것이라고- 이야기를 할 수가 있었다. 끓어오르는 생각을 요목조목 짚고 있으면 어느덧 내 뒤로 아이들이 늘어섰다. 맞아! 그러면 안돼! 가세하는 목소리와 눈빛 속에서 무법은 주춤주춤 사그라들고는 했다. 그때 우리는 성향은 다를지언정 하늘 아래 다 같은 초딩이었으므로. 쟤가 얘를 때렸으면 가서 쟤를 한 대 때려주고 올 수 있었고 그네를 독차지하는 애를 그만 내려오게 할 수도 있었다. 그리고 그 애가 진심으로 사과하면 다음부턴 그러지마- 하고 다시 와르르 뛰어다닐 수 있었다.

그러나 4학년이 되면서부터는 모든 것이 예전처럼 단순하게 흘러가지 않았다. 우리는 더 이상 동등하지 않았고, 이제부터는 무법자들에게 대놓고 잘못을 짚어서는 아니 되었다. 들끓는 이야기를 그저 삼켜야 하는 체증 속에서 주춤주춤 물러나는 역할은 이제 넘어진 사람의 몫이 되었다. 쉬는 시간이면 친구들과 신나게 놀고 온갖 간식을 나누어 먹던 초딩은 자기 자리에서 말없이 책을 펼쳤다. 책장이 넘어가면 답답한 교실을 벗어나 순식간에 아주 먼 세상으로 향할 수 있었다. 책을 읽느라 친구들의 장난도 알아채지 못하는 마리 퀴리의 학창 시절이나 어린 왕자가 여우를 만나는 사막에 함께 있을 수 있었다. 무법자들은 쉬는 시간에도 자리에 앉아 있는 나를 둘러싸고 온갖 청소 도구를 두들겨대며 공부 좀 그만해- 라고 외치거나(재미가 없었는지 하루 이틀 하다 그만두었다) 어이 범생이- 하고 나를 불러댔지만. 불행 중 다행으로 범생이는 악독한 무법자들의 표적에서 그나마 조금 비껴 서 있을 수 있었다.

얌전히 있으면 건드리지는 않을게- 정도의 다행 안에서 범생이가 할 수 있었던 일이라고는, 앞자리의 무법자에게 오늘을 잘 보내면 이 사탕 줄게- 정도의 회유를 하거나 오랜 시간 이유 없이 모욕을 당해온 아이들에게 중립적인 태도를 취하는 수준이었다. 그저 괴롭힘에 가세하지 않고 평범하게 응답할 뿐인 나에게, 그 아이들은 무언가를 물어보고는 늘 고마워- 라는 말을 덧붙였다. 고맙다는 쪽지와 함께 필통이나 펜을 선물해주는 일도 있었지만 그럴수록, 나는 정말 고마울 만한 일을 한 적이 없어서 스르륵- 시선을 떨구었다. 갈수록 공고해지는 계급 체계 속에서 겁쟁이의 시야는 시멘트 색으로 물들었고. 가방 속 책 한 권은 유일한 기댈 구석이 되었다. 수학여행이나 소풍을 가는 날에도.

중학생이 되고서는 상황이 더욱 좋지 않아졌다. 매일같이 몇 반의 누가 어떻게 맞았다느니, 화장실로 끌려가서 어떻게 되었다는 소문이 돌던, 그저 어제와도 같은 일상이 계속되는 오후에. 친구는 순식간에 그들의 표적이 되었다. 또렷이 기억나지 않는 아주 사소한 이유를 핑계로 그들은 친구를 코너에 몰았고 어느덧 그 주위를 에워싸는 아이들이 있었다. 악독한 무법자가 소리를 지르는 동안 아이들은 눈썹을 밀어버려- 아니면 의자를 던져버릴까- 하고, 무법자의 편인 양 가세했다. 친구와는, 곧잘 이야기를 나누고 도시락을 같이 먹기도 했었는데. 며칠 후 친구는 더 이상 학교에 나오지 않았고 이번에도 겁쟁이는 아무것도 하지 못했다. 시간이 흘러 친구는 유학 생활에 잘 적응하고 있다는 소식을 메일로 전했지만, 걱정하지 않아도 된다는 말에 겁쟁이는 담담해질 수 없었다.

친구가 학교를 떠난 그해 가을, 아무것도 달라지지 않은 머글(마법을 쓸 수 있는 능력이 없는 일반인) 학교에 유행처럼 새로운 책이 돌았다. 안경 낀 소년이 그려진 웜톤 표지에는 『해리 포터와 마법사의 돌』이라는 제목이 쓰여 있었다. 간단한 주문으로 깃털을 날아오르게 하고(윙가르

디움 레비오-우사 *Wingardium Leviosa*) 새를 유리잔으로 변하게 할 수 있는(베라 베르토 *Vera Verto*) 세상을 들여다 본 후부터 나는 막연히 그곳에서 날아올 편지 한 장을 기다렸다. 이런 말도 안 되는 횡포에 입도 뻥긋 할 수 없는 머글 학교에 있으니 저 먼 호그와트에서 마법을 배우는 편이 나을 것 같았다. 마법 세상에도 무법자들은(죽음을 먹는 자들) 존재했지만 적어도 그곳에서는 모두 동등하게 마법을 사용할 수 있으므로. 모두 자기만의 마법 지팡이를 가질 수 있는 곳에서 마법을 연마하고 싶었다.

호그와트의 입학 통지서가 늦어지는 연유로, 나는 9년 간 묶여 있던 교육 기관에서 벗어나 또 다른 머글 학교에 들어가게 되었다. 남녀 공학에 비해 여고에서는 대놓고 폭력을 목도하는 일은 생기지 않았다. 은근한 비교와 차별은 유령처럼 우리 몸을 통과해 다녔지만 이 정도는 견딜 수 있었다. 외형이 언어라 하여 폭력이 아닌 것은 아니었지만. 물리적 폭력이 횡행하던 전보다 고개를 들어 하늘을 바라볼 수 있었다. 아는 얼굴이 거의 없는 이곳에서도 내 포지션은 여전했고, 이제는 학원에서 자주 다른 학교 범생이들을 마주하게 되었다. 그 중에서 가장 신경이 쓰이는 곳은 논리·논술 경시대회를 준비하는 학원이었다. 집에서 몇 차례 소란이 인 후 내 진로는 법학과로 좁혀졌지만 학원이 있는 토요일마다 나는 아무래도 그쪽은 내 길이 아닌 것 같다는 예감과 함께 집으로 돌아왔다.

  서울대학교에서 주최하는 논술 경시 대비를 위해 우리는 매주 거칠게 번역된 철학서 발췌본을 읽어가고, 그 중에 한 사상을 주제로 집단 토론을 벌였다. 이를테면 '만장일치에 의한 민주주의는 옳은가'를 두고 절반은 찬성 쪽에 서고 나머지는 반대파에 서서 서로 반박에 반박을 거듭해야 했는데 나는 토론이라는 분위기 속에 숨겨진 비아냥과 무시, 폭력의 기운 속에서 점차 말이 없는 1인이 되어 갔다. 어쩌다 입을 열었던 날에도 말 같지 않은 소리는 하지도 말라고 쏘아붙이는 여자애의 날선 표정에 다시금 무음 모드를 고수했다. 논리적으로 사고해 보면, 말싸움 속에서 점점 작아지는 내가 법정에서 유려한 변론을 할 가능성은 영 적어 보였다. 그렇다고 비논리가 횡행하는 나의 현실에 논리를 적용할 수는 없었으므로. 서양 철학자의 사상을 주문처럼 외우고 복잡한 표정으로 토론 시간을 견디는 가운데 드디어 집단 말다툼이 종결되는 날이

다가왔다. 마침내 경시대회가 열린 것이었다. 신기하게도 그해에는 매서운 아이들이 줄줄 꿰고 있던 서양 철학이 아닌 동양 철학이 지문으로 나왔고 운 좋게, 말이 없던 1인이 상을 받게 되었다. 저녁 무렵 유독 선명하게 울리던 집 전화 벨소리를 기억한다. 학원 원장님은 이렇게 될 줄 알았다는 말을 엄마에게 전했지만 결과를 예견한 사람은 나를 포함하여 아무도 없었을 것이었다.

하필 수시 구술 면접에서는(다행히 집단 토론이 없었다) 계속 'ruler'가 등장하는 영어 지문이 마르크스의 『자본론』인 것을 알아채지 못해, 눈을 질끈 감고 계시던 노교수님의 입을 열게 하고 말았지만. 그분이 참다 못해 힌트를 주신 덕분에 (많은 수험생들이 헤맨 모양이었다) 면접 내내 '소수자 보호'만을 거듭 말하던 수험생은 겨우 합격 통보를 받을 수 있었다. 단상 위에 교수님들이 모두 도열해 계시던 입학식은 법이라는 한 글자 때문인지 호그와트 입학식을 생각나게 했고, 가나다 성씨 순으로 나뉘어지는 총 네 개의 반에서 나는 자동으로 후플푸프, 아니 B반이 되었다. 비록 진로를 택하는 과정은 다분히 아름답지 않았지만 이곳에 들어온 이상 법에 친해져 보려 나름대로 긴 시간을 들였다. 머글 세상에서는 법이, 모두가 동등하게 운용할 수 있는 마법일지 모른다고 낙관을 품는 날도 있었다. 『해리 포터』속 네 개의 반 중에서, 나 또한 언제나 주인공들이 속해 있는 그리핀도르가 제일이라 여겨 왔지만, B반에 속해 있는 탓인지 평등이나 관용 같은 후플푸프의 이념에 언제나 마음이 기울었다. 용기나 지성, 야망보다도. (각각 그리핀도르, 래번클로, 슬리데린의 이념에 해당한다) 하지만 이곳에도 모두의 마법 지팡이는 없었고, 판례를 접할수록 법은 동등함과 거리가 있어 보였다. 법이 관용을 잃고 차별적으로 운용될 때, 법은 정의의 이름으로 무자비하고 잔학한 폭력이 될 수 있었다. 우리가 익히 알고 있는 것처럼.

그 폭력적 이면 때문인지 이곳 사람들 몇몇은 어딘가 거만하면서도 항시 주변을 경계하는 듯 보였다. 옳고 그름의 잣대를 소지하고 다니는 사람들처럼. 늘 본인은 옳음의 영역에 서 있는 듯한 법대 사람들이 부담스러워서 나는 틈틈이 교양 수업으로 숨어들었다. 매주 리포트 과제를 받으면서도 언덕길을 오를 때마다 법대에서 멀어지는 홀가분함을 누렸다. 같은 과 동기는 내 리포트 앞 장을 보고 애는 참 야리꾸리한 제목을 잘 붙인다며 웃었는데 매번 그 야리꾸리함에 조금씩 더 가까이 다가가는, 잠시 과제와 무관해지는 듯한 순간이 좋았다. 아름다움이나 다양성처럼 가늠할 수 없는 가치를 잣대 없이 바라보는 그 틈이. 학기가 끝나면 리포트 과제가 많았던 과목이 항상 좋은 결과를 내었고, 전공 과목에서 유일하게 칭찬을 들었던 수업은 수많은 법 과목들 중, 법철학이었다.

그럴 때마다 나는 어딘가 복잡한 기분이 들었다. 글을 쓰는 것이 편하고 상대적으로 좋은 평가를 받는 곳에서 고시용 다수설과 교수님의 유력설, 판례를 외워야 하는 15동으로 오면 까끌거리는 알갱이가 계속 입 안을 맴돌았다. 점막을 훑으며 속속 치아 틈으로 파고들던 모래 알갱이들. 이곳에서 나는 더 이상 범생이라 할 수 없었고, 법의 테두리를 밟으며 그저 겉돌 뿐이었다. 계속 입을 우물우물 움직이면서. 그렇다고 이 주변을 벗어날 용기는 없어서 임페리오 마법(*Imperio* 상대방을 조종할 수 있는 마법, 임페리우스 저주로 불린다)과 비슷한, 머글 세상의 유서 깊은 주문을 실행하기로 했다. 모든 시험 역시 글을 쓰는 것과 다르지 않다는 '자기 합리화'를 반복해서 읊는 것.

다 가튼 그리란다 모두 그리야– 어쭙잖은 세뇌는 생각보다 오랫동안 효과가 있었다.

    다 같은 글이라는 주문은 일을 하면서도 계속되었다. 법정이나 회의에서 나는 언제나 초긴장 상태였지만 그래도 수세에 몰릴 때마다 기댈 수 있는 포트키가 있었다. 서면으로 정리해서 제출하겠습니다/ 보내드리겠습니다– 이 한 문장이면 다시 글의 세상으로 돌아올 수 있었다. 상대방의 주장에 반박 서면을 쓰고, 법의 경계를 밝히는 일 역시 모두 '글'이었지만 외부에서 날아오는 글과 내가 쓰는 글 안에는 모두 익숙한 기운이 담겨 있었다. 비아냥과 조롱, 으름장 같은 것들. 어느 날은 동료 T와 이야기를 나누던 중에 문득 이런 말을 하고 말았다. 우리 일이 어쩌면 그런 것 같아요. 묵직하고 뾰족한 돌멩이를 눈으로 감싸서 던지는 그런 눈싸움이요. 그런 눈을 던진 다음, 또 날카롭게 벼려진 하얀 돌을 맞으며 아무 일도 없다는 듯 지혈을 하고 나면 몸 곳곳에 퍼런 자국이 남았다. 눈뭉치 모양을 한 하얀 돌은 회사 안에서도 날아다녔고 우리는 모두 하얀 돌을 눈이라 하는 것에 익숙해 있었다. 누군가 언성을 높이고 누군가 퇴사를 이야기한 후에도 회사 안은 언제나 눈 내린 겨울처럼 고요했다. 정말 눈이 쌓였다는 듯이. 날카로운 고성과 진득한 눈물이 소복이 덮여갔다.

눈 안에 넣을 돌멩이를 정교하게 벼릴 수 있다면 눈싸움에서 승산이 있지 않을까 생각하던 2년차 시절, 나는 퍼런 멍을 문지르며 대학원 진학을 준비했다. 진학을 희망하는 이유 칸에는 눈싸움 대신 호그와트 이야기를 넣었다. 자소서를 정말 공들여서 썼네요- 법철학 교수님이 따스하게 말씀해주신 것에 비해 그럼, 실무에서 마법의 효용을 실감한 적이 있었는지에 대한 ○법 교수님의 질문에는 우물쭈물 제대로 된 답을 못했지만. 두 학기 동안 퇴근 시간대의 교대-사당 구간을 견디고, 변신 마법에 걸린 듯한 법대 건물을 낯설게 오가면서 나는 차츰 생각하게 되었다. 내가 바랐던 승산에 대해. 한층 날카롭게 벼린 돌을 눈으로 감싸는 것이 정녕 내가 원하는 일인지. 한기에 곱은 손으로 월요일부터 목요일까지는 야근을 하고 금요일 밤에는 과제로 철야를 하면서 이건 마치 어딘가에 갇혀 있는 것 같다는 자각이 들었을 때, 순간 곁을 스치는 감촉이 있었다. 흐늘거리며 두 볼을 어루만지는 싸늘한 입김이. 지금껏 무거운 걸음을 옮겨온 곳이 내게는 눈밭이 아닌 디멘터의 품속이었음을 알게 된 순간, 임페리오 마법은 그 즉시 효력을 잃었다.

글이 아닌 모든 문서들을 정리하고 흰 돌멩이였던 종이 뭉치를 모두 내려놓고서. 알로호모라-(*Alohomora* 잠긴 문을 여는 주문) 대신 퇴사의 의사를 또렷이 읊었다. 이번에도 그 위로 금세 소복이 눈이 쌓였다. 머글은 오블리비아테-(*Obliviate* 상대방의 기억을 수정하거나 없애는 주문) 한 마디로 4년이 넘는 시간을 사라지게 할 수 없어서. 일일이 파일을 삭제하고 계정을 반납하고, 모든 짐을 옮겼다. 그렇게 나의 흔적을 지우고. 옳고 그름의 잣대가 없는 야리꾸리한 세상으로 첫 걸음을 떼었다. 밖에는 눈이 내리지 않고 있었고. 고개를 들었을 때, 그곳에는 투명한 푸른 빛의 하늘이 있었다.

J. K. 롤링, 『Harry Potter』 시리즈, 문학수첩, 1999-2007

찬란한 사각지대
… {해바라기}

신주쿠의 손보 미술관 안에*Sompo Museum of Art* 고흐의 {해바라기} 그림이 있다는 사실을 듣고, 고민 없이 동경 일정의 시작을 그곳으로 정했다. 변호사로 일한 지 만으로 2년이 채 되지 않은 때였다. 공항 열차*NEX*에서 내리자마자 신주쿠 역 로커에 트렁크를 넣어두고 서쪽 출구 밖으로 성큼성큼 걸음을 옮겼다. 평일 오후의 미술관 안에는 사람이 적었고 그곳에는 그간 잊고 지냈던 미술관의 '고요'가 있었다. 그림은 원래 이렇게 조용히 보는 것이었구나— 실감할 수 있었던 무언의 공기. 그 안에 조용한 발자국을 더하며 만일 {해바라기}가 없더라도 크게 실망하지 말자고 마음을 가라앉혔다. 그러다 전시 후반부에 이르렀을 때, 문득 시야 끄트머리에 산란한 공기가 스쳤다. 술렁이는 기운을 쫓아가 보자 복도 깊숙한 곳에 주인공처럼 노란 얼굴이 빛을 발하고 있었다.

여기서 만나자고 했던 사람을 이제야 마주친 것처럼 한걸음에 다가갔다가, 마지막으로 미술관을 나서기 전에 다시 돌아와 그 앞에 앉았다. 해바라기가 머금은 너른 볕 안에, 엷은 고요를 일렁이는 깊은 기척이 있었다. 처음에도 이렇게 빛났을 그의 얼굴이 여전히 환해서. 물기처럼 배어나는 노오란 햇살에 잠시 눈을 감았다. 아무도 알아주지 않더라도 저토록 찬란한 얼굴을 그려내는 일이, 내가 죽으면 모두가 행복해질 수 있겠지- (영화 <러빙 빈센트>) 읊조리는 삶이 너무도 아득하고, 눈부시게 아름다워서. 환한 빛이 조금씩 뿌옇게 번져갔다. 그저 반가울 줄만 알았던 얼굴 앞에서 몇 번이고 시야를 훔치는 동안 주위는 잠잠했고. 흐려진 얼굴은 태양처럼 빛을 내면서 묵연히 이쪽을 바라볼 뿐이었다. 지금 내가 바라보고 있는 태양은 너라고 말하듯이.

싸이월드에서 너도나도 서로를 한 문장으로 평하던 시기에 친구 S가 남긴 일촌평을 보고 멈칫했던 적이 있었다. '태양처럼 환하게 빛을 몰고 다니는 아이'였던가. 스무살 남짓의 아이는 짧은 문구 앞에서, 달의 뒷면 같은 한기를 숨기느라 애써 웃고 다니던 외형을 들킨 것 같다는 생각을 했다. 그 착잡한 기분은 시간이 흘러 종종 다른 말 앞에서도 되풀이되었다. 그래도 너는 이제 걱정 없으니까. 이제 변호사가 되었고 제 앞가림을 하고 있으니까 너는 정말 걱정 없다는 엄마의 안도를 보고 있으면 언제나 마음 한 켠이 산란했다. 우리 집에서 꿈과 현실의 부서가 있다면 나는 현실 부서에 있었고, 염려가 아닌 안도의 파트를 담당하고 있었지만. 마음 졸이는 염려가 사실은 간절한 응원이라는 것을, 안심하는 마음이 어쩌면 간곡한 외면일지 모른다는 사실을 나는 조금씩 감지하고 있었다. 매번 듣던 말의 이면에 있던, 너라도 계속 그 부서에 앉아 있어야 해- (그래야 다른 부서를 우리가 지원할 수 있지) 라든가 너는 어차피 다른 꿈이 없잖아. 그렇지? (있다고 해도 이제는 도리가 없잖아) 같은 속 이야기들도.

그렇지만 우리 집 조직도에서 한 가지 오류가 있었다

면, 그것은 꿈과 현실의 부서는 똑 자르듯 이분화되어 있지 않다는 것이었다. 꿈을 향해가는 사람이 단 하루도 현실을 잊을 수 없듯이 현실에 앉아 있는 사람은 자면서도 꿈속을 헤맸다. 검은 구두를 벗어난 맨발로 이리저리 살굿빛 허공을 디뎠다. 다시 안도의 얼굴들에 애써 웃어 보이며 안정감의 표상처럼 검은 걸음을 옮겨도 창백한 조명 아래 나는 언제나 떠 있었다. 누군가 나를 유능한 변호사로 생각할까봐, 혹은 그렇지 않다고 비난할까봐 늘 하반신이 허전했다. 무표정한 얼굴로 쉴 새 없이 건조한 문장을 뽑아내고 배겨 오는 엉덩이에 불안을 의탁해 보아도. 모두가 웃지 않거나 어색하게 웃는 곳에서 미세한 표정 변화를 감지하다 집에 돌아오면 가끔 눈물이 흘렀다. 그러면 얼굴에 닿는 그 물기가 달의 뒷면을 에워싼 유일한 온기처럼 느껴졌다.

이제는 걱정할 것 없는 아이가 걱정을 끼치는 아이가 되면 어떤 일이 생기는 것일까. 사각지대에서 허공을 맴돌며 나는 종종 고흐를 떠올렸다. 지금의 그가 아닌 사람들이 보아주지 않았던 생전의 고흐를 생각했다. 꿈의 영역에서 열정을 다하는 동안 조금씩 주변에 짐이 되어갔던 그의 외형을. 더욱이 짐이 아닐 수 있었던 아이가 짐이 되어 버린다면 주위에 어떤 이해를 구할 수 있을까. 물음에 귀를 대어 보아도 사방은 적막했다. 누군가 이름을 불러 주어야만 비로소 '꽃'이 될 수 있는 고요 속에서 나는 사력을 다해 서 있을 수 있을까. 당신에게로 가서 꽃이 되기 전에는 이름을 말해도 이름이 없는 사람이고 말 텐데. 소리 없는 무명의 삶에서 언제까지고 살굿빛 웃음을 잃지 않을 수 있을까.

혼란한 현실에서 그의 해바라기를 마주했을 때, 허공에선 가늠할 수 없었던 꽃이 그곳에 있었다. 누군가 알아주지 않더라도 그의 손짓은 꽃이 되었음을. 그의 손에서 피어난 순간부터 꽃은 잊혀지지 않는 환한 시선이 되었음을. 해바라기는 몸소 이야기하고 있었다. 이곳에 걸려있기 전부터 해사하게 고운 꽃이 있었다는 사실을. 사각지대를 가득 메웠을 찬란한 몸짓을 바라보면서 나는 오래도록 하고 싶었던 이야기를 눈에 담았다. 당신이 죽고 나서 우리가 행복해진 것이 아니라, 당신이 살아 있었기에 우리가 행복할 수 있음을. 할 수만 있다면 당신의 몸짓은 참으로 멋지다고 거듭 이야기하고 싶었음을. 한참 동안 해

바라기의 커다란 눈망울에 눈을 맞췄다.

  우리가 서로를 햇살처럼 바라보는 동안 오랜 물음에 대한 상象이 어느덧 눈에 맺히는 듯했다. 죽지 않고 살아서 모두가 행복해질 수 있는 길이 있다는 것을. 달의 뒷면 같은 마음으로 고개를 떨구는 대신 환한 얼굴로 계속 빛을 발하는 길이 있음을. 그는 온몸으로 일러주고 있었다. 살굿빛 기운이 사각지대를 비추고 누군가의 시야 끄트머리에 언뜻 닿게 된다면 우리는 서로를 태양처럼 바라볼 수도 있으리라고. 언제나 사각지대는 생각보다 가까이 있고, 볼록한 눈으로 시선을 옮기면 우리는 이미 서로의 눈동자 안에 들어서 있을 것이라서. 하나의 몸짓을 계속 이어가도 괜찮다고 생전의 그는 말하고 있었다. 느린 걸음으로 미술관을 나왔을 때 여전히 거리는 환했고, 비로소 나는 친구가 보내준 따스한 시선을 마주볼 수 있었다. 눈부시게 찬란한 빛을 품에 안고서.

Vincent van Gogh, {Sunflowers}, 1888
김춘수, '꽃', 1952

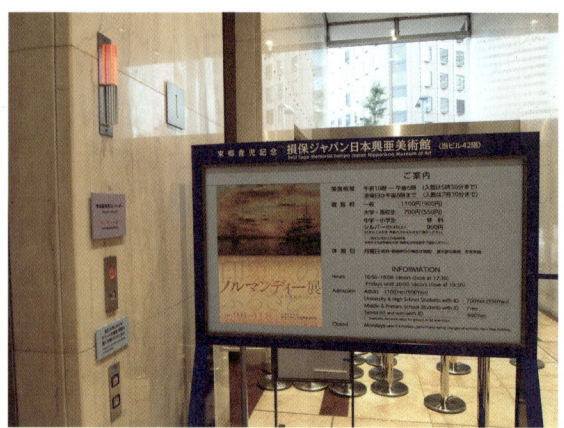

노르망디전展이 열리고 있었다.

미술관 안에서 바라본 풍경

퇴사 후, 파리에서 탈리스 기차를 타고 넘어간 암스테르담에서도 가장 먼저 찾은 곳은 반 고흐 미술관*Van Gogh Museum*이었다. 애초에 그를 만나러 떠난 길이었다. 소록소록 비가 내리는 날, 미술관 밖에는 긴 줄이 늘어섰고. 추운 손으로 받아든 티켓 위의 {꽃피는 아몬드 나무 *Almond Blossoms*} 그림은 그날, 만남의 시작이 되었다.

The Next Episode

··· 〈Sex and the City〉

 처음으로 아무렇지 않게 '섹스'를 발음하는 날들이 있었다. 혹시 미드 〈섹스 앤 더 시티〉 들어 본 적 있어?, 어제 〈섹스 앤 더 시티〉에서 사만다가! - 하고 이야기를 꺼낼 때마다 입 안에서 작은 금기가 팡팡 깨어지던 스무살, 스물 한 살의 날들. 원래부터 존재하던 단어를 입에 올렸을 뿐인데 중력을 거스르는 홀가분함의 무게가 혀끝에서 사뿐히 튀어올랐다. 뿐만 아니라 버자이너와 페니스마저도 사람 이름처럼 수시로 호명되는 SATC*<Sex and the City>*를 어쩌다 거실에서 엄마와 함께 보고 있으면 점점 미묘해지는 밤의 공기를 느낄 수 있었다. 수차례의 시청 끝에 참다 못한 엄마가 그런데 너는 계속 이걸 봐야겠니? 묻고, 나는 응. 재밌잖아. 대답하는 날도 있었지만. 그 후로도 우리의 동반 시청은 계속 이어졌다.

내가 <섹스 앤 더 시티>를 처음 본 순간은 실제로 SATC가 시즌 6까지 종영한 이후였지만 세기말의 미국에서도, 뉴밀레니엄의 한국에서도 SATC는 여성의 성 담론을 전면에 내세운 최초의 드라마였다. 아직 아침과 점심 언저리의 '브런치' 문화가 일반적이지 않았던 2000년대 중반에, 여대생들은 캐리와 사만다, 미란다와 샬롯이 주문하는 메뉴를 궁금해하면서 그보다 더 진귀하고 참신한 그들의 섹스 이야기에 귀를 기울였다. 그들이 만난 성격적, 성적 결함이 있는 남자들을 현실에서 접하게 될까봐 머리를 좌우로 젓고 에그 베네딕트보다, 크로크 마담보다 더 생소한 언니들의 오르가즘은 대체 무슨 느낌일지 고개를 사선으로 기울이면서.

그리고 우리는 그 3,40대 미국 언니들을 통해서 조금 더 솔직하고 상세하게 우리의 성적 고민과 관심사를 털어놓을 수 있었다. 그런데 사실 최근에 ○○이가… 로 시작되는 한 톤 다운된 목소리에 몸을 낮추던 순간들. 분식집이나 패밀리 레스토랑에 둘러앉아 낮게 웃다가도 심각한 표정으로 물음표와(뭐?) 느낌표를(헉!) 넘나드는 동안 우리는 비로소 성인이 된 기분을 실감했던 것 같다. 막연히 궁금해하던 10대 시절의 질문에 하나씩 답을 찾아가면서, 망설이는 샬롯의 표정에서 뭐 어쩌겠냐는(So what?) 사만다의 얼굴로 변모해 가면서. 그러면서 머지 않아 우리도, 멋진 일을 하면서 자유롭게 사랑을 하는 30대가 되기를 소망했다. 우리도 그녀들처럼 끈끈한 우정을 내내 유지하기를 바라면서.

본격적으로 고시 모드에 돌입하기 전, 예비 고시생의 공포와 압박을 느끼던 때에 나는 자연스레 SATC 주인공들 중 미란다에게 가장 가까이 다가가게 되었다. 하버드 머그컵을 뿌듯하게 사용하면서도 자기 소개에 계속 심드렁한 반응이 이어지던 단체 미팅에서 사실은 스튜어디스 일을 한다는 거짓말을 하고, 캐리에게 무슨 일이 생길 때마다 'I'm her lawyer'이라고 분명하게 말하는 변호사 미란다에게. 그런데 이상하게도 먼 곳을 응시하는 눈으로 노트북 자판을 두들기고, 본인을 소개할 때마다 가슴에 손을 얹고 눈을 감으며 *'I'm a writer'* 이라고 말하는 캐리에게 자꾸만 마음이 기울었다. 스스로가 자랑스러우면서도 흡족해 보이는 저 표정은 무엇인지, 노트북 화면 너머 지그시 향하는 먼 시선은 어떤 것일지 문득문득 마음이 쓰였다. S가 아닌 N의 표정으로 나를 소개하고 현실을 영위해 나가는 삶은 과연 어떤 모습을 하고 있을지. 지워지지 않는 커다란 물음표가 머리 위로 둥실거렸다.

그래서였을지 대학에서의 시간을 온통 고시를 위해서만 보내고 싶지는 않았다. 보통 3학년 여름방학부터 본격적으로 고시에 뛰어드는 선배들의 통례를 따라 그 전까지는 고시를 모르는 사람처럼 거리를 두려고 했다. 법대 폐지가 확정되고 1학년 때부터 고시 준비를 시작하는 후배들의 분위기를 접하면서도 그렇다고 갑자기 나의 일상을 배속으로 돌리고 싶지는 않았다. 그러다 3학년 봄 즈음, 가까이 지내던 새내기 후배가 어차피 끝내야 할 시험이라면 저는 그냥 빨리 끝내버리는 게 나은 것 같아요- 라고 이야기했을 때 나는 진지한 표정으로 이야기했다. 대학이 그저 고시 학원으로 기능하는 건 너무 슬프지 않니-. 그리고 그녀를 데리고 DVD 방으로 가서 함께 SATC를 보았다.

25분마다 '다음 에피소드' 버튼을 눌러야 하는 번거로움을 피력하던 사장님께 거듭 호소한 끝에, 시즌 3의 에피소드를 6개인가 보고 나왔던 것 같다. 와- 대단하네요(였던가) 하고 담담히 말하던 후배는 일전의 선언대로 고시 공부를 시작했고, 내가 한창 신림동의 시간을 보내던 때에 먼저 합격 소식을 전해 왔다. 신림동 원룸에는 내가 주문해둔 슈 박스_shoe box_ 모양의 SATC 전 에피소드 DVD가 있었고 나는 25분에 한 번씩 다음 에피소드 버튼을 누르면서 생각했던 것 같다. 내가 그때 그녀에게 대체 무슨 말을 한 것인가-하고.

내가 다음 에피소드로 넘어가는 버튼을 누르지 못하고 신림동 에피소드에 머물러 있을 때에, 한창 SATC를 나누던 친구들은 사회인이 되고 우리의 교집합은 가늘어져 갔다. 사소한 말들이 점차 쌓이다가, 하루 종일 앉아 있어야 하는 고시 공부는 생각만 해도 끔찍하다- 라던 친구의 말이, 나도 로스쿨이나 가볼까- 로 바뀌던 때에 나는 더 이상 몸을 낮추고 함께 웃을 수 없었다. 그런 말에 태연할 수 없는 스스로를 보면서 나에게는 지금 일도 사랑도 없고, 나는 무엇으로도 자신을 소개할 수 없는 사람이 되었음을

인지했다. 서울에도 브런치 식당이 늘어나고 친구들은 식당에서 와인을 병으로 주문하기 시작했지만 나는 여전히 성인과 학생 사이에 애매하게 머물러 있었다. 변호사가 되지도 못하고 작가가 될 수도 없는 채로. 그런 나를, 모두 비슷한 표정으로 바라보고 있는 것 같았다. 다음 에피소드 버튼을 한참 동안 눌러주지 않는 DVD 사장님을 지리하게 기다리며 한 마디 해야 하는 걸까 고민하는, 그때의 나처럼 말이다.

한 에피소드가 끝나고 그 다음으로 넘어가기 전에, SATC DVD에서는 캐리가 난처한 얼굴로 거리를 헤매는 드라마 오프닝 장면이 계속 반복된다. 그런데 신기하게도, 간신히 '사시 앤 더 청춘'의 다음 에피소드 버튼을 눌렀을 때 나는 여전히 난감한 얼굴로 길을 헤매고 있었다. 변호사라 자랑스레 말하지도 못하고 작가라는 단어를 입에 올리지도 못한 채, 다음 이야기로 넘어갈 수 있는 출구를 계속 찾고 있었다. 흥미로운 눈빛을 보이다가도 변호사라는 말에 이윽고 표정이 변하는 심드렁한 사람들을 보면서. 무엇보다 점점 곤란해지는 나의 얼굴을 보면서. 자꾸만 먼 곳으로 시선을 던졌다. 어딘가에 있을 물음표의 세상으로.

그러다 DVD 플레이어에는 멈춤과 진행의 버튼 말고도 또 다른 선택이 있음을 알게 되었다. 맨 귀퉁이에 홀로 떨어져 있는 버튼에는 'eject'라는 작은 글씨가 붙어 있었다. 사람마다 어떤 시기에는 DVD를 갈아끼우고 새 시즌을 시작해야만 다음 이야기로 넘어갈 수 있다는 사실을 나는 이제서야 바라보게 된 것이었다. 겨우 알게 된 eject 버튼에 조심스레 손을 가져다 대자 무언가 팡- 소리를 내며 튀어나왔다. 그 안에 들어있던 DVD를 검정 펌프스용 슈 박스에 넣고, 스니커즈용 슈 박스에서 새 DVD를 꺼내어 플레이어 안으로 밀어넣었다. 새로 재생될 이야기에서도 여자는 점점 설렘을 잃고 이 도시에서 헤매일 수도 있겠지만. 적어도 이번 시즌에서는 둥실 떠다니는 물음표를 하나씩 느낌표로 마주할 수 있을 테니 몸을 기울여 화면 가까이 자리를 잡는다.

새로운 시즌에서, 누군가 내게 '시비是非 앤 더 케이스(사건)'에서 '스토리 앤 더 출판'으로 이어지는 나만의 SATC에 만족하느냐고 물어온다면 적어도 나는 오묘하게 고개를 기울이며 대답할 수 있을 것 같다.

Abso-fucking-lutely...!

대런 스타, ⟨Sex and the City⟩, 1998-2004

Single Room No. JSS
가지 않기로 한 길을 바라보며 … 『어제 뭐 먹었어?』

    시보 기간이 시작되는 여름부터는 치열한 취업 경쟁이 시작되었다. 암암리에, 가시적으로 모든 직역이 젊은 남자 연수생을 원했다. 수료 후에 법무관이 될, 만 서른 전의 군 미필 연수생은 그 중에서도 가장 인기가 좋았다. 대형 로펌들은 3년 후를 기약하면서까지 그들을 선점하려 애썼다. 같은 20대라 할지라도 같은 시기에 여자 수료생들은 이력서에 '미혼'과 더불어 '결혼 계획 없음'을 또박또박 적어 넣고 있었다. 출산 위험이 있는 기혼 여성은 취업 시장에서 가장 인기가 없다 하였으므로. 역시 암암리에, 가시적으로.

면접에서 '결혼 계획도 없고 남자친구도 없다'는 사실을 꼬박꼬박 이야기하고, 테스트 명목으로 서면을 작성한 다음, 말이 없는 이메일을 들여다보는 동안 알 만한 로펌과 기관에서는 하나 둘 채용 마감 소식이 들려왔다. 초조한 마음에 작은 변호사 사무실에도 지원을 하고 연락이 오면 성큼- 면접을 보러 갔다. 코트를 벗어 한 손에 든 정장 차림으로. TV에 곧잘 나오는 변호사와 마주앉아 면접을 본 일도 있었다. 아무래도 이름 있는 사람이니까 괜찮지 않을까 생각했지만 내가 적어낸 희망 연봉을 보고 그는 특유의 나이스한 표정을 지어 보이며 이야기했다. 꼭 50만원을 더 받아야겠어요? 음, 더 받으면 좋지만… 아니어도 괜찮습니다. 답하고는 며칠 후 회식에 나오라는 연락에 거절 의사를 전했다. 여러 명의 남자 변호사들이 유일한 어쏘 변호사를 구하는 자리에서는 이런 질문이 나오기도 했다. 혹시 여성 인권 이런 거에 관심이 있어요? 며칠 후 남자 수료생과 나를 두고 다시 2차 면접을 진행하고 싶다는 연락이 왔을 때, 그러면 그냥 제가 가지 않을게요- 하고 상황을 마무리했다.

연말이 지나 연초가 되고, 이러다 연수원 수료 후에도

직장이 정해지지 않으면 어떡하나- 막막하던 차에. 자문보다는 소송을 하고 싶고, 기업 법무에는 크게 관심이 없다고 나름의 의사를 밝히고 온 곳에서 1월 중순 즈음 합격 연락을 받았다. 내가 속한 팀은 규모가 작았지만 소속은 업계에서 제법 이름이 알려진 로펌이었다. 그 안에 내 방과 컴퓨터, 전화기가 생겼고 방문에는 메탈 재질의 명패가 붙었다. 이 공간을 얻는 것이 그토록 힘든 일이었다니. 휑한 벽에는, 눈을 내리감고 입을 다물고 있는 요시토모 나라의 소녀 그림을 걸어 두었다. 고시생 때 사용하던 독서대에는 같은 작가가 그린, 눈을 치켜뜬 소녀를 붙여 두었었는데. 이제는 그저 눈과 입을 일자로 닫고 조금씩 이곳에 마음을 붙여 봐야 할 것 같았다. 이쯤이면 회사 홈페이지에도 내가 등장하는지 검색해 보니 낯익은 이름이 눈에 들어왔다. 어딘가 남 같은 증명사진 아래, '관련 업무 분야' 란에는 '기업 자문' 네 자가 제일 먼저 적혀 있었다. 기업…자문이라는 글자에 눈이 휘둥그레졌지만 다시 눈과 입을 일자로 닫고 회피하듯 홈페이지 창을 닫았다. 이윽고 슈돌의〈슈퍼맨이 돌아왔다〉사랑이가 사람들의 사랑을 휩쓸기 시작했을 때 사람들은 내 방에 걸린 소녀를 보고 반가워하며 말하기 시작했다. 아 이거! 추사랑이네!

그 방 안에서, 갑자기 업무 이메일이 오거나 냅다 전화가 걸려올 때마다 언제나 심장이 뛰었지만 역시나 가장 무서운 순간은 사람들이 '변호사님-' 하고 나를 부르는 때였다. 그 호칭에 네- 라고 대답하면 내가 정말 변호사인 줄 알까봐, 모든 질문에 답을 안다고 생각할까봐 두려웠다. 연수원에서 한창 실무 수업을 들을 때 우리는 모두 변호사 실무가 가장 난해하다는 데에 입을 모았었다. 변호사 실무 수업은 주어진 상황을 해결할 수 있는 모든 방안을 제시해 보라는 문제가 대부분이었는데 몇 가지 답을 쥐어짜내도 미처 생각지 못한 방안이 언제나 한두 개는 더 남아 있고는 했다. 그런 난제를 해결해야 하는 변호사가 되어 버리다니. 내 이름이 걸린 방에 앉아 나는 수없이 검은 우주의 시간을 후회했다.

내가 담당했던 업무는 자문(+M&A)과 소송이 6 : 4 정도의 비율에서 조금씩 오르내렸는데 각 업무와 나의 한계는 서로 상성이 맞지 않았다. 우선, 겉으로는 서너 가지 정도를 물어보는 것처럼 하면서 가지번호로 열 몇 가지 질문을 던져두고 길어야 3일, 짧으면 ASAP로 기한을 주는 자문 업무에는 언제나 호흡이 가빠졌다. 의견서를 발송하고 난 후에도 한동안 관자놀이에서 밭은 맥이 뛸 정도였다. 게다가 자문의 주된 이슈는 대부분, 나의 주된 업무 분야인… 기업 법무였다. 학부 때부터 지금까지 일관되게 흥미가 돋지 않는 회사와 주식, 경제와 경영 이야기들. 안 그래도 낯선 분야에서 매번 새로운 질문에 촉각을 다투다 보면 그저 가능한 빨리 '사실은 저도 잘 모르겠습니다' 하고 참된 의견을 적어 보내고 싶었다. 현실은, i) 지금까지 배운 적, 혹은 본 적 없는 수많은 세부적인 법령과 조례, 고시, 각종 유권 해석을 하염없이 뒤지고서는 ii) 괜한 확언으로 책임질 일이 생기지 않도록 문장을 애매하게 마무리하고 iii) 언제나 찜찜하게 발송 버튼을 누르는 것이었지만. '이렇게 볼 수 있는 가능성이 전혀 없다고 볼 수는 없겠습니다만…' 이중 부정을 거듭하는 동안 스스로 변호사가 맞다고 할 수도 없고 변호사가 아니라 할 수도 없는 정체성의 혼란이 첩첩이 쌓여갔다.

일을 그만두고 2년쯤 지나 정신과를 찾았을 때, 검사 결과 JSS씨는 시간의 제약이 있는 일을 상당히 힘들어 하는 편이라는 말을 듣고 아, 역시 그래서… 하고 무릎을 치고 말았다. 원래의 천성이 그런 것인지 지금까지의 일상이 내게 남긴 흔적인지는 분명치 않았지만. 바특한 기한 속에서 정신 없이 마우스 휠을 돌리는 업무와 나는 예상대로 상성이 잘 맞지 않는 것이었다. 애매한 상황속에서 신속한 답을 기대받는 일 역시도. 그때 다니던 정신과는 대치동 학원가 부근에 있었는데 상담 전후로 마주치는 아이들은 근처 학원에 갔다가 스케줄을 맞추어 정신과에 들르는 듯 보였다. 마치 다른 학원에 가는 것처럼. 멍하니 시선을 두고 힘없이 걸음을 옮기는 어린 얼굴들을 보면, 그리고 그 학부모님들을 보고 있으면 마음이 쓸쓸해졌다. 주어진 일을 계속 해낸다고 모든 것이 나아지는 것만은 아닐 텐데. 생각해 보면 학창 시절에도 아침에 일어나면 곧잘 멍하니 침대에 앉아있고는 했다. 왜 또 어벙하게 그러고 있냐는 말을 집에서도, 친구들에게도 들었지만 언제나 어벙히 긴장을 풀 시간이 필요했다. 양말을 신다가도 헤어 드라이기를 끄고서도. 그런 아이가 어른이 되었을 때 하루치의 긴장도는 더 높아졌고 휴식은 치명적인 뒷모습을 보이며 항상 아쉽게 사라져 갔다.

그렇다면 보통 4-6주 단위로 기한이 주어지는 소송은 괜찮았는가. 하면 그게 꼭 그렇지도 않았다. 자문 업무 그리고 다른 소송 업무를 하나씩 처리하고 있으면 금세 서면을 내야 할 기한이 도래했고, 상대방이 새로운 서면을 내면 재판 기일 전에 급히 반박 서면을 만들어내야 하기도 했다. 쪽수 경쟁도 점점 심해져서 같은 말이 반복되고, 굳이 없어도 되는 이야기들로 채워진 두툼한 서면이 당도하면 의뢰인들은 우리도 그에 못지 않은 두께로 승부하기를 원했다. 재판부에서는 오히려 간결 명료한 서면을 선호했지만 당사자들의 관심사는 언제나 조금 다른 지점에 있었다. 서면의 체급이라든가 호전적인 태도 같은 곳에. 상대의 득이 곧 나의 실이 되는 세계에서는 모두가 최대치의 강풍을 원하고, 휘청이며 자신의 옷깃을 꽁꽁 여몄다. 그 안에서 담당 변호사에게도 밝히지 않은 중요한 사실이 불쑥 날아오르는 때가 있었다. 그러면 그 시점부터는 우리 쪽에 유리한 바람을 기대하기가 쉽지 않았다. 중간에 바뀐 입장은 언제나 가장 큰 약점이 되었다. 지난한 시간 끝에 판결 선고 기일이 당도하면 사무실 안에는 아침부터 정적이 감돌았다. 마우스로 결과를 클릭하는 순간, 긴장은 최대치로 고조되었고. 우리의 실이 더 클 경우, 층층이 드리워지는 먹구름이 지나가기까지 한동안 시간을 흘려보내야 했다.

'소송' 하면 잊을 수 없는 사건이 두 건 있었는데, 그 중 한 건은 법원 시보 기간 중에 맡았던 국선 변호 사건이었다. 그 건은 명백한 무면허 유사 의료행위를 대상으로 하고 있었고, 피고인은 이미 두 차례 전과가 있는 상습범이었다. 할 수 있는 한 선처를 읍소하고, 범죄 사실에 상응하는 형을 받는 것으로 사건이 마무리되었다고 생각했는데. 변호사 일을 시작한지 얼마 되지 않았을 무렵 그녀에게서 전화가 걸려왔다. 힘주어 말하는 단호한 목소리에서 굳이 내게 전화를 해야겠다고 생각한 이유는 분명해 보였다. 본인이 항소심에서 전관 변호사를 썼더니 바로 구속에서 풀려났다며 앞으로 그런 훌륭한 변호사가 되길 바란다는 훈계 같은 책망이 또박또박 이어졌다. 그 목소리의 여운이 전화를 끊고서도 아주 오랫동안, 귓가에 매달려 있었던 것 같다.

또 다른 한 건은, 2년차 어쏘 시절 큰 금액이 걸려 있는 소송에서 운 좋게 승소를 하는 일이 있었다. 사실 관계에 부합하지 않는 상대방의 주장을 표로 정리하여 제출한 후부터 재판부는 미심쩍은 눈초리를 우리 쪽에서 상대편 쪽으로 옮겼고 결과적으로 우리 손을 들어 주었다. 이번 달에는 과연 제대로 밥값을 한 건지 늘 노심초사하던 주니어 어쏘는 들려오는 낭보에 허리를 펴고 한시름을 놓았다. 재판의 미세한 분위기를 감지하고 좋지 않은 흐름을 바꾸었다는 나름의 뿌듯함도, 너무 고생 많으셨다는 의뢰인의 목소리도 모두 태풍이 걷힌 후의 햇살처럼 따스했다. 이런 것이 일의 보람인지도 모르겠다며 흔흔히 여름 휴가를 떠나 있을 때 사건과 관련하여 회사에서 메일이 한 통 날아왔다. 연이어 진행될 항소심 담당을 남자 변호사에게 넘기겠다는 짧은 통보였다. 넘겨받은 이는 여러 차례 난감함을 표시할 수 있었지만 영문도 모르고 손을 떼게 된 이는 참담함을 표할 수 없었다. 결국 다른 쟁점으로 의뢰인은 항소심에서 패소했지만 차라리 그 전에 내 손을 떠나서 다행이라는 생각은 한 번도 들지 않았다. 그보다는 내가 계속 항소심을 진행해서 같은 결과가 나왔더라면 의뢰인도, 나의 상사도 그때 변호사를 갈아치우지 않아서 이렇게 된 것이라는 생각을 했을까. 그런 의미없는 가정이 머릿속을 맴돌았다.

시간이 쌓이면서 자문 업무에도 간간이 서로 겹치는 질문들이 생겨나고, 종종 연락을 주고받는 의뢰인들도 친근한 말투로 나를 대하기 시작했지만. 송무 역시, 긴장감을 안고 법정으로 이동할 때마다 타지역으로 떠나는 여행이라 생각하고 역마살을 발휘해 보았지만. 비단 상성만이 문제는 아니었다. 아무리 시간이 지나고 이미 멀리 와버렸다 해도 동경하는 길에 대한 마음은 사라지거나 줄어드는 것이 아니었다. 그해 여름이 지나가고 가을이 되었을 때, 회사 근처 일본 문화원에 작은 포스터 한 장이 붙었다. 정이현, 에쿠니 가오리 작가님들의 문학 낭독회가 조만간 이곳에서 열린다는 소식이었다. 이분들이 이 동네에 오신다니- 콩콩콩 심장이 뛰었다. 정이현 작가님의 『달콤한 나의 도시』 연재와 드라마를 매주 기다리던 20대 초반의 기억이 내게는 선연했고(교양 수업에서는 『낭만적 사랑과 사회』로 리포트를 작성하기도 했었다). 고등학교 수련회에서 그리고 대학교 엠티에서도 나는 믿을 구석처럼 에쿠니 가오리 작가님의 『반짝반짝 빛나는』을 가방에 넣어 가고는 했었다. 드디어 낭독회 날이 다가왔을 때 나는 저녁도 거르고 버선발로 횡단보도를 지나, 눈앞이 환해지는 무대를 내내 바라보았다. 그곳에서 차분하고도 명징한 목소리를 듣고, 서로 몸을 기울여 이야기를 경청하는 모습을 보면서 무심코 생각했다. 반짝이는 눈으로 조근조근 단어를 고르고 상대의 침묵에도 가만히 행간을 헤아리는 이들 편에 서고 싶다고. 내가 저편으로 넘어갈 수만 있다면. 저분들이 앉아 있는 환한 세상에 함께이고 싶다고. 낭독회가 끝나고 유일하게 열려있는 김밥천국에서 늦은 저녁을 먹으며, 다시 사무실로 돌아와 야근을 하면서 나는 그날의 무대를 계속 생각했다.

어두운 새벽과 동트는 아침을 등 뒤로 흘려보내는 동안, 회사 근처 칼국숫집에서 발생한 화재로 창밖에 시뻘건 불길이 보이던 밤이 지나갔고(처음에는 우리 건물에 불이 난 것만 같았다). 택시에서 내리자마자 아파트 1층으로 뛰어 들어가, 내려오는 엘리베이터에 아무도 없기를 바라던 밤들도 지나갔다. 피로에 지쳐 졸다 언뜻 메탈 명패에 내 이름이 사라진 것 같아 고개를 번쩍 들어 보니 햇빛의 각도가 묘하던 낮도 흘러갔다. 티슈를 뽑아 눈가를 조용히 훔쳐내던 낮들도. 친한 사람이라고는 아무도 없었던 '눈 감은 소녀' 곁에도 가까운 동료와 후배들이 생겨났고 그들과 사소한 이야기를 주고 받으며 잠시 웃는 시간들이 하루하루 변호사의 일상을 연장해 주었다. 다국적 방문객으로 북적이는 낮과 옛 시대로 돌아간 듯한 호젓한 밤에 모두 익숙해지는 동안 북촌에도 반가운 이웃이 생겼다. 그 중심에는 매주 두세 번씩 찾아가던 밥집과 카페의 사장님들이 있었다. 이밥 언니는 대학원 합격을 축하한다며 밤에 꽃다발을 안겨 주시기도 했고, 메뉴에 없는 떡볶이나 오디 스무디를 만들었다고 깜짝 연락을 주시기도 했다. 버클리 카페에서도 신메뉴를 슬쩍 맛보여 주시거나 단골인 우리 팀에게 멋진 저녁을 선사해 주시고는 했다. 무엇보다 급히 식사를 해야 하는 순간마다 나는 이밥의 주먹밥과 버클리 샌드위치의 기운으로 몸과 마음의 설움을 덜어 갈 수 있었다.

북촌의 멋스런 가게들이 갑자기 대형 프랜차이즈 가게들로 덮여가던 때에 버클리마저 경리단길로 옮겨가고('버클리 커피소셜'), 그 자리에 너무도 익숙한 빵집이 들어오는 일이 있었다(지금은 또 다른 곳으로 바뀌었다). 나는 골목을 오를 때마다 그 방향을 외면하며 고개를 숙였다. 더 이상 입에 익은 커피와 친근한 바이브를 찾을 수 없는, 하루가 다르게 변해 가는 동네에서 조금씩 마음이 증발하고 있었던 듯도 싶다. 변호사들은 몸담고 있는 곳이 견딜 수 없어지면 '대한변협 취업정보센터'에서 이직 자리를 알아본다고 하던데 나는 이곳에 오고 다시 그 사이트에 접속한 일이 없었다. 내 오랜 화두는 이직이 아닌 전직이었으므로. 새로운 회사에 가서 새로운 사람들과 새 업무에 적응하는 것보다는 그래도 지금이 낫다고 생각했다. 변호사를 아예 그만둘 것이 아니라면. 당장 전직을 꾀하기에는 무서운 것이 많았으므로 늘 관성을 앞세우고 그 뒤에 본심을 숨겼다. 그러나, 그 순서가 흔들리고 뒤틀리는 일들이 자꾸만 생겨났다. 업계 사람들은 5년 후, 10년 후의 미래를 계획해야 한다고들 얘기했지만 변호사 JSS의 모습으로는 그려지는 것이 없었다. 그때까지 기한을 어기지 않고, 오류 없이 이 일을 계속 할 수 있을지. 자신이 없었다. 나는 고작 이번 한 주가 무사히 지나감에 안도하는 사람이었으므로. 생각 풍선은 언제나 막막함으로 부풀어 올랐다.

일하면서 늘 어떤 롤 모델이 있는 것은 아니었지만 줄

곧 부러워하던 동종 업계 인물은 있었다. 15년이 넘도록 같은 사무실에서 매일 정시에 퇴근해 알뜰하게 장을 보고, 손수 저녁을 만들어 애인과 함께 느긋한 식사를 즐기는 변호사. 내가 고시생이었을 때부터 지금까지 계속되고 있는 연재물, 『어제 뭐 먹었어?』 속 주인공 시로상이었다. 시로상의 변함없는 6시 퇴근도 언제나 부러웠지만 어느 연차일 때도 그를 무리하게 하지 않고, 믿음과 온정으로 대하는 사무실의 분위기에 항상 시선이 머물렀다. 법률사무소 소장 요시에가, 본인이 담당했던 회사의 고문 자리를 시로상에게 넘겨주고 누군가 그 변화를 이용하여 시로상에게 접대 비용을 덮어씌우려 했을 때에도 '(시로상은) 그럴 사람이 아니라고' 고객에게 분명히 이야기해 주는 장면에서는 한동안 페이지가 넘어가지 않았다.

현실에서 저녁이 있는 현재와 안정된 미래를 모두 제공해주는 변호사 사무실은 무척 희소해서 시로상처럼 살 수만 있다면 나는 이 모든 고민에서 자유로워질 수 있을 텐데- 괜스레 핑계를 찾는 날들이 있었다. 일에 잠식당하지 않으면서 소중한 일상을 쌓아갈 수만 있다면 나는 시로상처럼 적금을 붓고 노후를 계획하면서 그저 순수하게 책을 애정하는 1인으로 살아갈 수도 있을 텐데. 기존 경로를 이탈하는 것에 주저하는 마음이 들 때마다, '동경하는 마음'이 무거워질 때마다 그렇게 가상의 변호사를 세워두고 작금의 현실을 아쉬워했다. 시로상 역시도 법대 출신의 만화가(요시나가 후미)가 창조해 낸 인물이라는 걸 모르지 않았음에도.

결국 '좋아하는 마음'을 따라 '하고 싶은 걸 하는 밤'을 택한 후에도 시로상은 여전히 같은 사무실에 다니고 칼퇴를 고수하며 어느덧 50대의 중역이 되어 있었다. 또 한 명의 주인공이자 시로상의 애인인 미용사 켄지도 근무하던 미용실의 점장이 되어 둘은, 우리가 어느새 이렇게 되었구나- 하고 그간의 세월을 바라보며 샴페인 잔을 기울인다(16권).(둘의 이름은 서로가 부르는 호칭을 떠올리며 적었다) 늘 동경해 오던 길 위에 서서 이제 시로상을 바라보고 있으면 더 이상 가지 않기로 한 길을 보는 것처럼 아련한 기분이 들곤 한다. 마음 한 켠에 바랐었던, 그때는 가능하지 않았고 이제는 정말 오지 않을 나의 미래를 보는 것처럼. 그 미래에서 시로상이 느긋하고 훈훈한 50대 변호사의 일상을 보내고 있음에 이유 없이 안도하게 된다. 당신이 행복해서 정말 다행이라고. 마음을 놓게 된다. 그때 변호사 JSS는 10년 후에 이런 모습이 되어 있으리라고 결코 상상할 수 없었지만, 정말 조금도 상상하지 못했었나 생각해 보면 그게 꼭 그렇다고만은 할 수 없다고 - 이제는 한결 가벼운 마음으로 이중 부정을 취해 본다. 더 이상 '가지 않은 길'이 아닌, 가지 않기로 한 길을 바라보면서.

Room No. JSS

요시나가 후미, 『어제 뭐 먹었어?』, 노미영 옮김, 삼양출판사, 2008–2024 (계속 연재 중)

어떤 장벽에도 불구하고
… 작은 영화관

 여름 방학이면 엄마 손을 잡고 우리 남매가 맞이하는 연례행사가 있었다. 매년 개봉하는 디즈니 만화 영화를 보러 영화관에 가는 것. 초등학교 1학년 여름, <미녀와 야수>를 시작으로 2학년 때에는 <알라딘>, 이듬해는 <라이온 킹>, 4학년 때는 <포카혼타스>가 방학의 초입을 장식했으니 바야흐로 풍족한 디즈니의 시대였다. 우리 셋이 나란히 앉아서 영화에 빠져들고 자파나 스카의 등장에(알라딘과 라이온 킹의 악역) 흠칫 긴장하다가 다시 마음 놓고 해피 엔딩을 맞이하던 순간들. 어두운 영화관에서 손을 뻗어 꿀꺽- 탄산음료를 삼키던, 청량한 목 넘김의 순간들이었다. 혹여 영화가 시작되고 몸을 숙여 상영관에 들어간 날에도 우리는 놓친 부분을 크게 아쉬워하지 않았다. 촘촘한 규제가 들어서기 전이어서인지, 당시 디즈니 영화만 상영하고 있던 '계몽 아트홀'의 배려 덕분인지 자리에 앉아 기다리고 있으면 다시 처음부터 시작하는 다음 회차 영화를 볼 수 있었다. 그때는 불이 켜진 뒤에도 '나가셔야 됩니다' 하고 주의를 주는 사람이 없었다.

센트럴시티와 코엑스를 필두로 2000년도에 멀티플렉스 영화관이 들어섰을 때 우리는 그 휘황찬란한 규모에 감탄했지만 그럼에도 이따금 옛 극장을 찾았다. 고소하게 구워지는 쥐포가 당기거나 보고 싶은 영화에 나이 제한이 걸려있을 때, 옛 극장은 오랜 친구처럼 은근히 곁을 내주었다. <바닐라 스카이>도 <스페니쉬 아파트먼트>도 모두 '씨네'라든가 '극장'이라는 이름이 붙어있는 곳에서 관람했지만. 만 18세의 장벽이 무너져 내리는 동안 오랜 친구의 이름은 어느덧 우리가 모두 아는 이름으로 하나 둘 바뀌어 가고 있었다. 그런 안부를 모르고 대학생이 된 나는 어차피 하나의 영화만 볼 거면서 열 몇 개의 영화를 상영하는 곳에서 밥도 먹고 차도 마시는 분위기에 즐거이 합세했다.

이윽고 고시생이라는 이름이 원래의 이름을 뒤덮었을 때 눈앞에 다시 새로운 장벽이 솟아올랐다. 일상의 테두리를 따라 늘어선 벽들은 시공간이나 자유, 여유 같은 것들 위로 그림자를 드리웠다. 그 속에서 가끔 영화관을 찾을 틈이 나면 아무래도 사람들이 북적이는 멀티플렉스 쪽으로는 걸음이 내키질 않았다. 자유가 흘러넘치는 듯한 분위기 속에서 소외감을 느끼고 싶지 않은 탓도 있었겠지만 당시 보고 싶은 영화들이 대부분 작은 영화관에 걸려 있는 이유도 있었다. <아르헨티나 할머니>라든지 <요시노 이발관> 같은 이름을 가진 영화들. 큰 소리 대신 고요함으로 가득한 작은 영화관은 모두가 혼자여서 혼자여도 괜찮은 곳이었고. 군데군데 흩어져 있는 실루엣 틈으로는, 어느덧 한적한 오후가 꼬리를 말고 이쪽으로 등을 붙여 왔다. 눈과 귀의 피로도를 덜어주는 곳에서 하얀 스크린 속 세상으로 넘어가는 시간이 장벽 안에서의 가장 넓은 자유처럼 느껴지는 때였다.

어느덧 나는 영화가 보고 싶으면 영화관을 검색창에

넣는 사람이 되었다. 동네 이름을 앞에 붙여 중퐁지(중앙), 압퐁지(압구정), 광퐁지(광화문) 하고 부르던 '스폰지하우스'나 '상상마당 시네마', '씨네코드 선재', '씨네큐브' 같은 이름들을 하나씩 기억해두고, 좋아하는 DJ가 골라 준 음악을 듣는 것처럼 공간이 소개해 주는 영화를 보았다. 그 무렵 이대 안에도 새로운 영화관이 생겼고, 스크린 앞에 검은색 울타리가 둘러진 '아트하우스 모모'에 발을 들이면 어린 시절 동물원에 온 것 같은 설렘이 샘솟았다. 그 속에서 홀로 여행을 하는 것처럼 낯선 도시를 느끼고 낯선 언어가 나를 통과해 가도록 두면서, 나는 덮여 있는 원래의 이름을 동물의 등처럼 쓰다듬고 있었던 것 같다. 시공간의 자유와 여유가 흐르는 곳에서.

고시생의 휴일에, 신림동을 벗어나 아기자기하고 시원스런 동네로 향하는 때에도 어쩔 수 없이 나의 복장은 츄리닝 차림이었지만. 굳이 차려입지 않고 츄리닝 바람으로 돌아다니면 언뜻 그 동네 사람으로 보일지 모른다고 나는 편할 대로 생각했다. 그날은 에이미 아담스와 에밀리 블런트가 범죄 현장을 청소하는 영화, 〈선샤인 클리닝〉을 보러 종로에 간 날이었다. 오전의 '서울극장'에서 고요히 영화를 보는데 정말이지 주변이 적막해서 설마 내 로망이 실현되는 날인가- 하고 천천히 고개를 돌려 보니, 상영관 안에 다른 실루엣이 보이지 않았다. 혼자 유유히 영화를 보는 그날이 오늘이 되다니. 영화관을 홀로 독차지한 것 같은 기쁨에 통로 한복판에서 한 팔을 치켜들고 방방 몇 번을 뛰었다. 그날의 신기함을 다이어리에 적어 두기도 했던 것 같은데 그러고 얼마가 지나서였을까. 다시 서울극장을 찾았을 때, 한참 영화를 보다가 문득 여기 아래층에도 자리가 있는 것 같은데- 하고 시선을 낮춰 보니 내가 방방 뛰었던 그 통로가 내려다보이는 것이었다. 세상에 이게 무슨 요지경 속인가 싶어 위 아래를 번갈아 쳐다보니 그제야 이 상영관의 구조가 눈에 들어왔다. 마치 공연장처럼 한 스크린을 공유하는 두 층의 좌석이. 이제 다시 보니 오늘은 상층 좌석이고 그렇다면 그때는 하층… 좌석이었겠다는 깨달음과, 만일 누군가 그날 상층에 앉아 있었다면 좋다고 뛰는 내 모습을 여과 없이 관람할 수 있었으리라는 사실을. 모두 시간이 지나서야 바라보게 되었다.

고시 기간이 끝나고 종로에 일터가 생기자 서울극장, 씨네큐브 같은 극장들과 한동네 이웃이 되었다는 사실이 못내 좋았다. 그중에서도 가장 가까운 씨네코드 선재까지는 북촌 언덕길을 올라 10분이면 닿을 수 있었다. 아트선재센터 안에 있는 영화관, 씨네코드 선재는 스크린이 있는 단상을 중심으로 부채꼴처럼 좌석이 넓게 퍼져 있는 곳이었다. 일이 잘 풀리지 않을 때나 주말에 나와 있을 때, 나는 수십 번의 망설임 끝에 언덕을 올랐다. 그리고 영화관이라기보다는 부채꼴 모양의 극장이나 학교 강당처럼 느껴지는 익숙한 자리에서 자주 잠에 들었다. 사라진 조명과 푹신한 의자 사이로, 언제나 밀려나던 잠이 찾아왔다. 이번엔 진짜 안 자려고 했는데- 절레절레 언덕길을 내려와 사무실에 앉으면 어딘가 뭉쳐 있던 덩어리가 조금 작아진 듯싶었다. 운 좋게 일찍 퇴근을 한 날에는 아직 온기가 남아 있는 쥐포 봉투를 품고 서울극장에 앉아, 방방 뛰던 예전의 나를 보았다. 시험이 다 끝나고 나면 다시 내 이름으로 살아갈 수 있을 거라 생각했는데. 상하층의 비밀과 상관없이 이제는 더 이상 방방 뛸 기분이 들지 않았다.

일이 쌓여 영화관까지 갈 여유가 도무지 나지 않는 대부분의 날들에는 영화 포스터와 그림이 가득한 근처 카페를 찾았다. 이름마저 '카페 공드리'인 곳이었다. 시간이 지나면서 나는 공드리 사장님들이 원래 영화사에서 근무하셨던 분들이라는 사실을, 그리고 사장님들은 내가 근처에서 일하는 변호사라는 사실을 서로 알게 되었지만 그건 북촌 생활이 퍽 익숙해진 후의 일이었다. 북촌을 그저 알아가고 있던 1년차 크리스마스 날. 이날도 어김없이 회사에 가야 했기에 출근하던 길을 틀어 공드리에 들렸다. 북촌에 그냥 놀러온 사람처럼. 그라놀라 요거트와 자몽티를 천천히 먹고 계산을 하려는데 사장님이 잠시만요- 하고는 어디서 많이 본 듯한 종이를 건네셨다. 익숙한 씨네코드 선재의 티켓 안에 영화 제목 대신 '초대권'이라는 글자가 쓰여 있었다. 앗- 하고 감사의 인사를 드리려니 사장님은 슥 웃으시며 덤덤히 말씀하셨다. 오늘, 크리스마스잖아요-. 그날 무슨 일을 하고 왔는지 아무것도 기억나는 것이 없지만 상영 일자 대신 사용 기한이 적힌 신기한 종이가 책상 위에 놓여 있던 모습만은 지금도 선명하게 남아 있다. 며칠 후, 옛 극장에서 <바닐라 스카이>와 <스페니쉬 아파트먼트>를 함께 보았었던 박언니와 초대권을 사용할 영화를 정하고. 〈설리에 관한 모든 것〉을 보면서 나는 또 20분 정도 잠에 들었다가 야근을 하러 언덕길을 내려갔다.

    이듬해에는 카세 료 배우가 북촌에서 영화를 찍는다는 소문이 들려왔다. 신림동 시절, 〈허니와 클로버〉에서 그를 처음 본 새벽부터 마음이 점점 커져서 카세 료는 내가 이상형을 말할 때 꼭 부르는 이름이 되어 있었다. 카세 료가 북촌에 온다니. 이윽고 영화 〈자유의 언덕〉이 개봉을 앞두고 있는 때에 나는 또 다른 참새 방앗간이었던 '이밥' 사장님에게 영화에 나오는 그 게스트 하우스가 어딘지 아세요? 물었고. 때마침 언니의 친구인 '휴안' 게스트 하우스 사장님이 이밥 앞을 지나는 모습이 보였다. 길을 걷다 불려 온 휴안 사장님은 영화 속 그곳이 휴안이었다는 놀라운 사실과 함께 VIP 시사회 티켓을 한 장 더 구해 보겠다는 말씀을 남기고 떠나셨고. 며칠 뒤, 나는 휴안 사장님과 시사회장에 있었다. 그곳에는 공드리 사장님들도 계셨고 스폰지하우스 사장님을 비롯하여 수많은 영화 관계자분들과 카세 료가 있었다. 사장님이 나를 친구라고 소개해주신 덕분에 미소를 보이는 그에게 그간의 시간을 꾹꾹

담아 '다이 환난 데스'(大ファンなんです 엄청 팬입니다)를 전하는 순간이 내게는 가장 영화 같았다. 북촌으로 가득한 영화 속에선 윤여정 선생님이 휴안을 운영하고, 내가 밤샘을 앞두고 에스프레소를 더블로 마셨던(심장이 너무 뛰어서 더블은 한 번으로 그쳤다) 카페 '지유가오카 핫초메'를 문소리님이 꾸려가고 있어서. 나의 현실이 자유의 언덕이 되어 있는 낯선 모습을 줄곧 신기한 눈으로 쫓을 수 있었다.

그 후에도 계속 영화 같은 일이 일어났다면 좋았겠지만. 북촌 3년차이던 이듬해 가을, 씨네코드 선재가 문을 닫는다 했다. 폐관 소식을 어디에다가 되묻지도 못하고 그저 결정이 번복되기를 기다리며 맥없이 언덕을 오르고 또 올랐다. 그리고 4년차가 되던 해에, 압폰지·중폰지의 폐관 이후 마지막까지 남아 있던 광폰지마저 문을 닫았다. 어릴 적 보았던 디즈니 만화 영화에서는 아무리 무시무시한 악당이 등장해도 언제나 해피 엔딩이 기다리고 있었는데. 이번 회차가 아닌, 이 영화관에서 영영 나가달라는 주의 사항이 번복되는 일은 일어나지 않았다. 북촌 언덕길이 점점 자유의 언덕에서 멀어지고, 다시 해가 바뀌어 2017년이 되었을 때에는 내가 그곳을 떠났다. 그리고 낯선 동네에서 'theatre' 라든가 'screen' 으로 끝나는 작은 영화관을 찾아 알 수 없는 말소리를 들었다. 일을 그만두었다고 해서 자유와 여유가 언제나 곁에 있는 것은 아니었지만 적어도 더 이상 영화관에서 넋을 놓고 잠에 드는 일은 없었다.

3년 후 코로나라는 장벽이 사람들 사이를 갈라놓았을 때, 조용히 앉아서 영화를 보는 공간은 순식간에 밀폐된 위험 장소가 되었다. 그 속에서 서울극장이 2021년 가을을 맞지 못하고 문을 닫았다. 그곳에서 보낸 20대의 시간들은 이제는 어디에서도 바라볼 수 없는, 스크린 너머의 형상이 되었다. 북촌의 아트선재센터에는 상영 시간표가 없어졌고, 공드리 사장님들은 제주 서귀포로 내려가 새로운 카페 공드리를 여셨다. 휴안 게스트 하우스는 문을 닫았고, 내가 매일같이 앉아 있던 회사도 이제는 북촌을 떠난 지 오래였다. 나이 제한과 시공간의 제약, 수면 부족과 바이러스의 확산 이외에도 또 다른 거대한 장벽은 갑자기 솟아나 일상에 긴 그림자를 늘이겠지만. 그런 때에도 잠시나마 나의 등을 쓰다듬으며 앉아 있을 자리가 남아 있으면 좋겠다고. 긴 시간 마음을 내어 준 공간이 계속 이듬해 가을을 맞고, 그래서 내가 사는 동네에도 영화 같은 일이 이어지면 좋겠다고. 구수한 로망을 품어본다. 이 오랜 로망이 실현될 가능성은 좋아하는 배우에게 직접 팬심을 전할 확률보다는야 아무렴 높을 테니까. 언젠가 한참 어린 나와, 오랜 공간에서 방방 뛸 그 순간을 그리며. 네모 칸에 영화관 이름을 찬찬히 조합하고 돋보기 버튼을 누른다.

씨네코드 선재 초대권
14.01.31 까지
(주말, 공휴일, 심야 시간 제외 예우 동일)

초대권
14.01.31 까지
씨네코드 선재

이번 생의, 작은 균열
… 〈해피 아워〉

호젓한 분위기에 반해 도쿄에서 교토로 티켓을 바꾸었던 2016년 구정 연휴. 연초의 교토에서는 지난 추석에 들르지 못한 곳을 차곡차곡 찾아갈 심산이었다. 걸음마다 2월의 한기가 패딩 속을 파고들기 전까지는. 높은 곳에 오르면 눈이 트이기 전에 손이 곱아오고, 고대하던 말차 파르페를 시키면 옆에 나오는 호우지차가 몸에 스미는 그런 엇나간 전개를 지켜보다가. 저녁에는 일단 뜨신 물에 몸을 데우기로 했다. 온천이라 쓰여있는 대중탕(후나오카 온센)에서 몸을 덥히고 여러모로 후나오카 온센을 닮아있는 카페(사라사 니시진)에 들러 저녁을 먹으려는데 사진

한 장이 언뜻 눈에 들어왔다. 여자 네 명이 나란히 등산 철도에 앉아 이쪽을 보고 있는 영화 포스터였다.

이제 이틀 남은 교토 일정에서 영화라니- 미련 없이 포스터를 도로 제자리에 내려놓았다. 곧이어 등장한 치킨 카레와 애플진저술로 배를 채우고 기척이 없는 캄캄한 골목을 지나오면서 영화 제목을 무심히 떠올렸다. 기억에 남는 제목이었다. 무사히 숙소로 돌아와 뜨거운 차 생각에 공용 키친 문을 밀어 젖히자 어딘가 낯익은 시선들이 느껴졌다. 조금 전에 들여다보고 온 얼굴들이었다. 두 번의 우연은 인연인 것 같아서 미국인들의 소란한 영어를 배경으로 포스터를 집어들었다. 마침 걸어서 갈 수 있는 거리에 영화관이 있었다. 날도 추운데 내일은 일단 이들을 만나러 가자고, 마음을 정하자 일본에서 영화를 보고 싶었던 오랜 로망이 흘긋 시선을 던졌다.

다음날은 구정 당일이었고 신정을 쇠는 이곳에서는 평범한 월요일이었다. 아침으로 산조 거리에서 진한 커피에 후렌치 토스트를 먹고 건너편 골목으로 넘어갔다. 이내 구글맵에는 목적지에 도착했다는 표시가 뜨는데 아무리 보아도 영화관처럼 생긴 건물이 없었다. 그때 '영화관에 오신 건가요?' 하고 수위 아저씨가 다가왔다. 아저씨가 열어주신 문 너머로 오래된 학교 같은 건물이 보였다. 시네마는- 하고 묻자 아저씨는 3층을 일러주셨고, 오랜만에 테라조(도끼다시) 계단을 오르자 '극장은 이쪽'라는 귀여운 글자가 교실문에 붙어 있었다. 드르륵하고 조심스레 교실문을 밀었을 때, 빛바랜 햇살이 쏟아지는 작은 공간이 한순간에 펼쳐졌다. 삐걱이는 마룻바닥을 지나 희미한 분필 냄새가 나는 곳엔 오늘의 상영 시간표가 또박또박 적혀 있었고 그 앞에는 소파와 테이블이 드문드문 책걸상처럼 놓여 있었다. 시선마다 기시감이 가득한 네모 공간에서, 'Happy Hour' 한 장 주세요- 조심스레 이야기하자 입장 순서가 적힌 작은 종이가 건네졌다. 〈해피 아워〉는 이상하게 제목 뒤에 1, 2, 3 하고 숫자가 붙어 있었지만 나는 별 의문 없이 '1'을 골랐다. 작은 종이를 손에 쥐고서 이제부터 커다란 TV로 영화를 보는 걸까 가늠해 보는데 구석에 있던 검은 커튼을 걷으며 사람이 등장했다. 상영 시작합니다. 1번부터 10번 손님 우선 입장해주세요- 그의 말소리에 소파에 앉아 있던 사람들이 주섬주섬 짐을 챙겼다.

검은 커튼 안쪽에는 작은 스크린이 있었고 그 앞에 푹신한 등받이가 달린 다리 없는 의자들이 가지런히 놓여있었다. 선착순으로 입장한 사람들은 각자 마음에 드는 자리를 찾아갔고 11번 즈음이었던 나는 중간쯤 자리를 잡았다. 이윽고, 검은 천으로 둘러진 교실 안에서 영화가 상영되었다. 영화는 이쪽 편을 바라보고 있는 포스터 장면으로 시작해서 기혼과 이혼 어딘가에 있는 주인공들의 일상을 천천히 그려 나갔다. 서른일곱, 네 명의 친구들은 몸의 중심선을 찾는 워크숍을 듣고 대화가 어긋나는 뒤풀이에 참여했다가 이제 계획했던 온천 여행을 떠나자- 하는데 갑자기 영화가 종료되었다. 엇, 하고 찾아보니 <해피 아워>는 총 317분의 영화로 3부작으로 나누어 상영되고 있었다. 제목 옆 숫자의 의미에 이제서야 고개를 끄덕이려는데 소파로 자리를 옮긴 사람들이 이리저리 가방을 뒤적이고 있었다. 그들은 가방 속에서 햄버거나 오니기리를 꺼내들고는 착실히 쉬는 시간을 채워 나갔다. 이쪽도 그들처럼 이어서 온천 여행 장면을 보고 싶었건만 한낮의 가방 속에는 달랑 생수 한 병뿐이 없었다. 슬슬 배가 고파왔다.

청어 소바로 배를 채우고 가모 강변에 잠시 앉아있는 동안 '리세이立誠 시네마'는 오래된 폐교에 주민들이 만든 영화관이라는 사실을 알게 되었다. 그 안에서 주민들이 다양한 행사를 벌이며 공간을 유지해 왔음을. 솔개가 하늘을 휘젓고 오리가 물살을 가르는 동안 강변에서 낮잠을 자는 아저씨와 까마귀에게 과자를 주는 아저씨가 영화 속 인물처럼 풍경을 메웠다. 한 주의 시작을 강변에서 한가로이 맞이하는 사람들과 월요일의 시네마에 음식을 싸들고 영화 3부작을 모두 볼 수 있는 사람들을 잠시 생각하다가. 교토에서 남은 마지막 날도 오래된 초등학교에 가는 것으로 마음을 정했다. 이번 교토에서 하고 싶었던 많은 리스트들은 모두 따뜻한 시기로 넘기고 내일은 그녀들의 온천 여행을 마저 보러 가자고. 그렇게 한가로운 평일의 사람이 되어보기로 했다. 내게 남은 구정 연휴는 이제 이틀밖에 없었지만.

교토의 마지막 날에는 아침부터 비가 내렸다. 오늘은 이쪽도 만반의 준비를 위해 로손에서 반숙란을 사고 타카시마야 식품점에서 와사비 유부초밥과 와규 고로케를 구비했다. 그리고는 따뜻한 겨울 햇살 속에서 다른 사람들처럼 주섬주섬 가방 속 간식을 먹었다. 마치 1인 겨울 피크닉처럼. 화장실은 1층으로 내려가야 했고 작은 화장실과 운동장 한 켠의 수돗가는 모두 녹색 칠판처럼 낯익은 얼굴을 하고 있었다. 다시 검은 커튼 방에서 만난 사쿠라코, 후미, 아카리, 준은 아리마 온천으로 여행을 떠났고 영화는 재판에서 낭독회로 이어졌다. 그동안 자막이 없는 그들의 이야기는 생각보다 잘 들리기도 했고 정말 궁금한데 무슨 말인지 알 도리가 없기도 했다. 그러면서도 변형된 어린이의 공간에서 어른들의 고뇌에 공감하고 있는 지금의 시차는 마음속 파문의 둘레를 한없이 넓혀가고 있었다.

<해피 아워>의 2부에서 준은 앞으로 하고 싶은 것을 하면서 살 거라고 친구들 앞에서 선언하고 한 명 한 명에게 고개 숙여 인사를 건넨다. '처음 뵙겠습니다' 하고 이쪽을 바라보는 그 맑은 얼굴에 주르륵 눈물이 흘렀다. 그 후 다른 친구들도 변함없이 이어지던 일상에 하나 둘 변화를 맞이한다. 엔딩 크레딧이 올라가고 영화의 제목을 다시 마주하면 그때부터 317분의 이야기가, 1부와 3부의 대비가 긴 여운으로 다시 재생되었다. 초반에 등장했던 중

심선 워크숍에서, 네 다리로 서 있던 의자는 중심을 찾으면 한 다리로도 넘어지지 않고 기이한 모습으로 설 수 있게 되었다. 그 의자를 떠올리면 잔잔한 일상에 균열을 만든 그들의 변화가 이제 한 다리로 중심을 잡게 된 것인지 아니면 이제서야 모든 다리를 땅에 붙이게 된 건지 그 방향을 알기가 어려웠다. 겉으로는 휘청이듯 보여도 내 안에는 깊은 평안이 자리할 수 있는 것이므로. 다만 균열 이전과 이후가 각각 어떻게 보이는지와는 별개로 적어도 이들은 모두 비슷한 이유로 이쪽에서 저쪽으로 나아간 것이라고는 말할 수 있을 것 같았다. 그것은 아마도 각자의 행복한 시간을 위해서였으리라고.

행복한 시간을 찾아 나서는 길은 낯선 미지의 영역이었지만 그 반대의 행로에 대해서는 나도 이야기할 수 있는 것이 있었다. 그 길이 내가 걸어온 길이었으므로. 행복이 없을 것 같은 방향으로 반신반의하며 계속 나아온 길. 신림동 독서실에서 무거운 법서를 펼쳐놓고 법률과 판례를 들여다보던 순간 문득 이 길은 행복하지 않겠구나- 예언처럼 생각이 스쳤지만. 직접 걸어보지 않고서는 모른다고, 행간에 고여 드는 생각을 떨쳐 냈었다. 돌이켜 보면 그 전에도 복선 같은 순간들은 곳곳에 깔려 있었다. 고시에 붙기 전에는 연구실로 찾아올 생각도 말라는 망언을 일삼는 교수를 보았을 때나(어차피 찾아갈 생각은 없었는데) 오늘은 몇 시부터 도서관에 나왔는지를 견주는 동기들을 보았을 때(그게 대체 왜 궁금할까). 그리고 숫자가 늘 행복의 중심선을 쥐고 있었던 청소년기를 거슬러 떨어진 성적으로 크게 혼이 났던 초등학교 4학년, 혹은 문제집을 다 풀지 못하면 친구 생일 파티에 갈 수 없다는 으름장을 들었던 여덟 살 무렵에도. 그 모든 전조들을 무시하고 혹시 모른다며 계속 나아간 길에서 예언을 확인받는 일들은 계속 일어나고는 했다. 그 결과 한 가지 사실에 대해서는 이제 분명히 이야기할 수 있게 되었다. 불길한 예감을 외면한다고 그 실현을 막을 수 있는 것은 아니었다고.

내 인생의 '해피 아워'를 고민할 때마다 사람들은 왜 그 좋은 직업을 그만두려 하느냐고 목소리를 높였다. 해피 아워의 길이 어떤 중심선상에 있는지는 알 길이 없었지만, 밖에서 보기에 네 다리를 땅에 붙이고 걱정 없이 서 있을 것 같은 지금의 중심선이 얼마나 기이한 모습을 하고 있는지 나는 알고 있었다. 한 발끝으로 중심을 잡는 동안 모든 다리가 저려오면 차라리 넘어지고 싶은 마음이 든다는 것을. 다리가 없는 상영관 의자 위에서 내 두 다리에 기대어 보낸 '행복한 시간' 동안 나는 파문이 닿은 그들의 작은 결의를 물끄러미 바라보았다. 행로를 뒤바꾸는 작은 균열의 몸짓들을. 그리고 이쪽으로 시선을 옮기자 서른 한 살 여정에게는, 서면을 쓰면서도 이것 또한 글이라고 되뇌는 합리화를 그만 내려놓는 것이, 이 길에서 '혹시 모른다'고 유보해 온 미량의 기대를 깨끗한 단념으로 돌려놓는 것이 안착을 위한 작은 균열이 될 것 같았다. 균열이 빚어낸 틈 사이로는, 이번 생엔 틀렸다며 내려둔 마음들이 고개를 번쩍 들어 시선을 던질 것이었다. 이번 생엔 평일의 사람이 될 수 없고 은퇴 전에는 긴 여행을 떠날 수 없으리라는 체념들이 해피 아워의 길목에서는 모두 이번 생의 일이 될 것이므로.

오래된 초등학교에서 예정에 없던 세 편의 영화를 본 일이 결국 교토에서 보낸 가장 진한 시간으로 남을 것이었지만, 무엇보다 교실문을 다시 밀고 나왔을 때 나는 어제의 부러운 사람이 되어 있었다. 만반의 채비를 마친 '그쪽' 사람들의 흡족한 여유를 안고 겨울의 거리로 들어

설 수 있었다.

그날 오사카의 마지막 숙소에서, 침대 옆에 걸린 푸른 서양배 그림을 들여다보는데 귀퉁이에 적힌 짧은 문장 하나가 들어왔다. 마치 새로운 예언처럼.

'Anywhere you want'.

1년 후 나는 준처럼 커다란 트렁크를 끌고 긴 여행을 떠났고. 그 모습이 어떻게 보이든 새 여정은 어디까지나 이 생의 해피 아워를 위한 것이었다.

리세이 시네마는 결국 2017. 7. 폐관하고, 학교 건물은 리모델링을 거쳐 현재 블루보틀 커피와 Traveling Coffee가 입점되어 있는 *The Gate Hotel Kyoto Takasegawa by HULIC* 으로 운영되고 있다.

리세이 시네마 운영 종료 공지의 마지막 문구
'7월은 … 이 스크린에서 마지막으로 여러분과 공유하고 싶은 작품을 상영합니다. … 깜짝 놀랄만한 최후의 즐거움이 기다리고 있을지도 모릅니다. …'

그리고 리세이 시네마는 위 공지 말미에 장소 이전 소식을 덧붙였고, 현재 'Demachiza'라는 이름으로 계속 운영되고 있다.

하마구치 류스케, ⟨Happy Hour⟩, 2015

계단을 올라가면

<Happy Hour>

대기실, 겨울 피크닉의 공간

검은 커튼 안쪽에 스크린이 있었다.

Anywhere you want.

Epilogue | 스르르륵, 몸을 기울여

    열아홉에서 스물다섯까지, 하교길에는 주로 461, 641번 버스를 타고 집으로 돌아왔다. 서울대입구역에서 집까지 이어지는 루트는 두 버스 모두 동일했는데, 하루는 461번인가 641번 기사님이 은근한 물음을 던져 오셨다. 둘 중에 어느 버스가 더 나은 것 같으시냐고. 기사님 바로 뒤편의 혼자 앉는 자리를 좋아하던 나는 의외의 질문에, 저한테는 루트에 차이가 없어서요- 하고 다소 야속한 대답을 하고 말았지만. (기사님은 에이- 회사가 다르잖아요 라고 말을 보태셨다) 461번이든, 641번이든 동쪽으로 계속 나아가다 대항병원 앞에서 멋진 유턴을 선보이는 데에는 실로 차이가 없었다. 신호가 바뀌고, 비어있는 차선으로 버스가 크고 긴 몸을 한껏 기울여 가면, 나는 좌우로 흔들리는 곡선의 힘에 기대어 기존 경로를 휘익- 벗어나고는 했다. 마치 언젠가의 이탈을 미리 체험하는 것처럼. 그 커다란 움직임을 겪고서야 늘 집으로 돌아올 수 있었다. 눈에 보이지 않는, 사방으로 펼쳐진 길이 새로운 주행 경로가 될 수 있다는 사실을 몸으로 체득하면서.

더 이상 두 버스를 모두 이용하지 않게 된 후에도 나는 마음속으로 커다란 경로 이탈을 수없이 상상했다. 그러면서도 언제나 좌회전 깜빡이를 켜지 못하고 엑셀과 브레이크 페달 사이에서 늘 초조한 발을 굴렀다. 새로운 길에는 어떤 풍경들이 있을지 못내 궁금해하면서도, 신호가 바뀌면 서둘러 왼쪽에서 오른쪽으로 발을 옮기고 주행을 이었다. 내비게이션 속 화살표와 음성에 온 신경을 기울이면서. 그러는 동안 언제나, 창밖으로 보이는 길이 눈에 밟혔다. 내비게이션 화면에 등장하지 않는 강 건너편의 길이. 그쪽을 바라보며 엑셀을 밟는 일은 인생의 중심축을 조금씩 크게 기울여 가고 있었다. 강 너머로 고개를 틀고서 주어진 길을 달리는 매일은. 그렇게 머뭇거리며 불안한 주행을 이어가는 동안 나는 어느덧 서른이 넘고 눈앞의 화살표는 설운 내 마음 같은 것은 아랑곳하지 않고 계속 끝없는 목적지만을 가리키고 있었다. 어느 위치에 있어도 늘 편치 않았던 경로에서 벗어나 저기 보이는 강 건너의 길로 접어들려면. 점점 무너져 가는 중심을 다시 바로잡으려면 더 이상 마음에 없는 주행을 멈추고. 깜빡이를 넣고서 힘껏 핸들을 틀어야 했다. 달리던 차선에서 벗어나 유턴 신호를 기다리면서, 깜빡 깜빡- 마음이 점멸하는 소리를 들으며 나는 버스의 커다란 회전을 떠올렸다.

신호가 바뀌자 왼쪽 오른쪽으로 몸이 기울고, 매일 강 너머에서 바라보았던 길이 점점 눈앞으로 다가왔다. 어느덧 그 길 위를 달리고 있을 때 나는 고개를 정면으로 두고 새로운 풍경을 바라보았다. 길 안내 화면에 잡히지 않는 정경이나 내음, 소리에 온 감각을 열고서. 핸들을 한 바퀴 반만 돌리면 내 차도 몸을 기울여 스르르륵 턴을 할 수 있는 것이었는데. 아름다운 턴을 결정하기까지 참으로 오랜 시간이 걸렸다.

휘어져 있던 시간을 짚어보며, 늘 강 건너 저편을 향하던 각도에서 바라보게 된 것은. 이번에도 좋아하는 마음이었다. 머뭇거리며 서성이던 동경의 마음과. 비록 주어진 길일지라도 조금씩 정을 붙여가며 나름대로 좋아해보려 애쓰던 마음. 좋아하는 마음과 좋아하려 하는 마음 사이에서 좌우로 흔들리던 청춘의 시간들과, 눈싸움을 멈추고 눈사람을 만들게 된 이야기를 이렇게 당신께 털어놓을 수 있어서. 지금, 마음이 얼마나 깜빡이고 있는지. 그 신호가 당신의 눈가에 닿을 수 있다면 우리는 스르르륵 아름답게 스칠 수도 있을 텐데.

언젠가를 꿈꾸며 문여정이라는 필명을 만들었을 때 나는 스물두 살이었고. 시간이 제법 흘러, 여는 글과 닫는 글을 제외하고는 이곳에 모두 스물두 편의 글을 담았다. 누군가의 오랜 머뭇거림과 힘겨운 턴이 당신의 일상에 작은 이완이 되었기를 소망하며. 지금까지의 동행에 몸을 기울여 깊은 감사의 신호를 전한다.

        2024. 한가위를 앞둔 가을, 새로운 부엌에서.

The Last Epilogue | 눈사람을 당신께

 눈싸움을 그치고, 눈사람을 만들기로 했다-는 문장으로 현실은 끝나는 것이 아니므로. 눈덩이를 굴려 커다란 눈사람을 만들고 그 눈사람을 계속해서 바라보는 일은 아름답고도 꽤 슬픈 것이었다. 티 없이 둥그렇다가도 한없이 냉담한 나의 눈사람을 매만지는 일은. 그 아름다움과 슬픔을 멍하니 바라보다 많은 시간을 보냈다. 마치 눈사람이 나의 일이 아닌 것처럼. 문을 닫고 눈이 없는 집 안에 머무를 때마다 아무것도 하지 않으면 아무 일도 일어나지 않을 테니 다행이라는 생각을 대신 굴려 갔다. 눈을 궁글리지 않으면 손에 냉기가 닿을 일도 없을 테니. 나는 그저

조용히, 눈사람을 내버려두었다. 그러다 저만치 두었던 눈사람을 오랜만에 찾아가면 여전히 녹지 않은 둥그런 자태가 슬프도록 반가웠다.

내 두 손마저 믿을 수 없어지는 전염병의 시기에 눈사람을 지그시 바라봐 주는 이를 만나고, 그와 함께 사는 생활을 시작하면서. '눈사람을 만들기로 한' 나의 결정이 괜스레 미안하게 느껴지는 날들이 있었다. 결혼 후에 원가족과의 관계가 달라진 것 또한 눈 굴리기를 종종 멈추어 세웠다. 안녕- 하고 헤어질 때의 둥그런 눈빛이나 잘 지내고 있는지 조심스레 물어 오는 안부 전화에서 자꾸만 애틋함이 더해졌으므로. 그럼에도 덩그러니 놓여 있는 눈사람을 계속 그대로 둘 수 없어서. 대체 무엇 때문에 눈사람을 만들기로 한 것인지 여전히 이해하지 못하는 애틋한 나의 근원에게도 이 이야기를 전하는 편이 나을 것이라 생각하면서. 눈사람을 만지고, 그 시간을 사랑했다.

이듬해 봄을 앞두고, 연수원 같은 조였던 B언니가 뜻밖의 결혼 선물을 보내 주었다. 네모난 가방 모양의 휴대용 LP 턴테이블이 도착했고, 나는 *Kings of Convenience*의 앨범을 시작으로 하나 둘 레코드판을 모으기 시작했다. CD로, 음원으로 들었던 노래가 마치 공연장에서 듣는 연주처럼 생생하게 주위를 메워 가는 것이 좋아서 이 곡은 또 어떻게 들릴지 기대하며 레코드판 위에 바늘을 얹었다. 오래 전, 옛집에 있던 거대한 턴테이블에서 들려오는 것 같은 나직한 소리는 글의 시작과도 잘 어울려서. 노트북 뒤에 네모난 가방을 놓고, 레코드판 위에 바늘을 내려 두고서 눈덩이를 굴려 갔다. 어느덧 앞면의 노래가 멈추고 판을 휘익- 뒤집어 뒷면의 노래를 듣는데, 그러다 인생에도 뒷면이 있을 수 있겠다는 생각이 들었다. Side B에서는 6번이나 7번쯤 되는 곡이 다시 1번이 되고, 마치 그것이 앞면인 것처럼 노래가 흐를 수도 있겠다고. 그동안 B면 아래서는 이때까지의 A면이 사라지지 않고 함께 회전하면서 중심으로 향하는 원을 그려 갈 수 있으리라고. 매번 조심조심 둥그런 판을 뒤집어 가며 지금의 'B면'에 이르기까지, Side A에 대한 이야기를 적어 갔다.

그 즈음 우연히 tvN 예능, 〈금요일 금요일 밤〉의 체험 삶의 공장 코너에서 레코드판을 제작하는 모습을 보게 되었다. 햄버거라고 불리는 둥그런 PVC(폴리염화 비닐) 덩어리를 꾹 눌러서 소리골을 찍어내면 우리가 아는 납작한 레코드판이 되었다. 그 과정에서 레코드판의 소리가 오히려 라이브 연주 같은 느낌을 자아내는 것은 맞지 않는 좌우 밸런스를 깔끔하게 손보지 않고 그대로 두기 때문이라는 이야기가 나왔다. 완벽하게 균형이 맞지 않아서 오히려 생생해지는 소리가 있다니. 온전히 둥그렇지 않은 나의 눈사람 또한, 아주 말끔하지는 않더라도 정겨운 모습이었기를 바라며. 사랑하는 나의 눈사람을 당신께 보낸다.

눈사람의 안부를 살펴주신,
당신의 따스한 두 손을 맞잡으며.
Side A. 끝.

눈싸움을 그치고, 눈사람을 만드는 이야기
Side A.

초판 1쇄 발행	*2024년 10월 28일*
글 · 사진 · 그림 · 편집	문여정
펴낸곳	하하밤
Instagram, X(Twitter)	*@hahabalm*
E-mail	*have.a.hahabalm@gmail.com*
Fax	*02-6499-7177*

© 문여정 2024

ISBN 979-11-969230-1-3 03810

이 책은 저작권법에 의하여 보호받는 저작물로 무단 전재 및 복제를 금합니다.
잘못 만들어진 책은 구입하신 곳에서 교환해 드립니다.
이 책은 산돌구름에서 지원받은 Sandoll 정체, Sandoll 제비, Sandoll 삼립호빵 서체를 사용하여 작성되었습니다.